Strade b

Federico Rampini

LA SECONDA GUERRA FREDDA

Lo scontro per il nuovo dominio globale

MONDADORI

Dello stesso autore
nella collezione Strade blu

Il secolo cinese
L'impero di Cindia
L'ombra di Mao
La speranza indiana
Slow Economy
Occidente estremo
Alla mia Sinistra
Voi avete gli orologi, noi abbiamo il tempo
Banchieri
Vi racconto il nostro futuro
All You Need Is Love
L'Età del Caos
Banche: possiamo ancora fidarci?
Il tradimento
Le linee rosse
Quando inizia la nostra storia
La notte della sinistra

librimondadori.it

La seconda guerra fredda
di Federico Rampini
Collezione Strade blu

ISBN 978-88-04-71873-4

I edizione ottobre 2019

Indice

La seconda guerra fredda

Introduzione

Il tramonto del secolo americano e la possibile transizione al secolo cinese bruciano le tappe, lo scenario si fa attuale e accade nel modo più sconvolgente. È turbolento, traumatico. Due imperi, uno in declino e l'altro in ascesa, accelerano la resa dei conti. Chi sta in mezzo – come gli europei – farà la fine del vaso di coccio? Nessuno di noi è attrezzato per affrontare la tempesta in arrivo. Neppure i leader al comando delle due superpotenze hanno un'idea chiara sulla dinamica della sfida, sulle prossime puntate di questa storia, sul punto di arrivo finale. Mettono in moto forze che loro stessi non sapranno dominare fino in fondo. È un mondo nuovo, che in poco tempo sta cancellando le regole fissate nell'epoca precedente. Abbiamo bisogno di capirlo, è una questione di sopravvivenza.

Ufficialmente trent'anni fa finiva la guerra fredda. Ma il disgelo Usa-Urss era cominciato ancor prima che cadesse il Muro di Berlino. Per questo abbiamo un ricordo sbiadito delle tensioni acute tra i due blocchi, quando la guerra nucleare era un pericolo concreto, attraversare la «cortina di ferro» un'impresa (soprattutto dal mondo comunista verso l'Occidente); c'erano guerre ideologiche e «cacce alle streghe» da una parte e dall'altra.

Poi ci sono i tanti giovani nati dopo quel fatidico 1989. Per loro il concetto di guerra fredda è astratto; ammesso che ne abbiano sentito parlare. È ora di riscoprirlo, aggiornato alla nuova realtà. Sta cominciando la nuova guerra fredda, ma sarà profondamente diversa dalla prima. Cambieranno molte cose per tutti noi, in questa sfida tra America e Cina nessuno potrà rimanere veramente neutrale. L'economia e la finanza, la scienza e la tecnologia, i valori politici e la cultura, ogni terreno sarà investito dal nuovo conflitto. Bisognerà smettere di parlare di globalizzazione come se fosse un fenomeno irreversibile: la sua ritirata è già cominciata. Forse è più ragionevole dire che entriamo in un capitolo diverso della globalizzazione, con più barriere visibili o invisibili.

Ricordate il termine «Chimerica»? Il neologismo fu coniato dallo storico Niall Ferguson e dall'economista Moritz Schularick, fondendo le parole «China+America». Accadeva solo nel 2007. Nello stesso periodo i guru della geopolitica parlavano della nascita di un G2 che avrebbe sostituito i vari G7 e G20; il mondo sembrava avviato verso un direttorio a due, nel quale Stati Uniti e Repubblica popolare cinese avrebbero preso insieme le grandi decisioni. Chimerica e G2 ci ricordano un'epoca in cui le due superpotenze sembravano diventate quasi una cosa sola, almeno sul piano dell'economia e della finanza: tanta era la complementarità dei ruoli, la simbiosi tra la fabbrica del mondo (cinese) e il suo mercato di sbocco (americano). Quell'epoca si è chiusa e non tornerà più. Sta succedendo, a gran velocità, ciò che molti esperti consideravano impossibile. I dazi di Donald Trump non devono ossessionarci: sono stati solo l'ultimo episodio di una crisi, il modo brutale con cui un leader americano ha urlato al mondo che «l'imperatore è nudo». La guerra commerciale, che può conoscere tregue o compromessi temporanei, è stata solo l'acceleratore di un divorzio che cambierà le mappe del nostro futuro, e avrà conseguenze sull'Europa.

Trump potrà subire l'impeachment o perdere le elezioni nel 2020, ma i democratici che lo sfidano sono diventati ancora più duri di lui con Pechino. La resa dei conti si avvicina in fretta, a tutti i livelli: le maggiori multinazionali Usa stanno rivedendo i loro piani cinesi e la loro dipendenza da quel paese. Quando un gigante digitale come Google decide di negare il proprio software alla Huawei, campione cinese della telefonia, è perché preferisce perdere un grosso cliente piuttosto che esporsi al suo spionaggio tecnologico... e alle sanzioni del governo federale di Washington. Casi come questo si stanno moltiplicando anche se non è ancora una fuga precipitosa. Gruppi americani come Apple Boeing e General Motors (o tedeschi, quali Siemens, Audi-Volkswagen) hanno fatto affari fantastici in Cina: prima vi hanno prodotto per anni a basso costo, poi hanno scoperto un nuovo cliente, la sterminata classe media asiatica; oggi ridimensionano a malincuore la loro dipendenza da quel mercato e da quella «fabbrica».

Tutti stanno cercando alternative, vie di fuga, piani di ritirata strategica. È la fine di un pezzo di storia della globalizzazione durato trent'anni. E con esso tramonta anche un certo ordine mondiale: finché tra Washington e Pechino prevaleva la convinzione di avere molto da guadagnare nella divisione dei ruoli, il loro rapporto generava stabilità. Quella simbiosi, fatta di compenetrazione, mutuo vantaggio sembrava irreversibile. Oggi il resto del mondo – compresi i settori del made in Italy che in Cina hanno avuto successo e gli ambienti dell'economia italiana attirati dalle Nuove Vie della Seta di Xi Jinping –, deve sapere che le regole del gioco globale stanno cambiando. Saremo tutti coinvolti nella grande sfida.

Non bisogna focalizzarsi su Trump. Il personaggio è imprevedibile, questo fa parte della sua tattica negoziale, lo sappiamo. Può sorprenderci, tentare un'improvvisa intesa con Xi Jinping che fermi l'escalation dei protezionismi. Ma al di là delle sceneggiate, nulla sarà più come prima. L'intero establishment americano – inclusi una parte del capitalismo, le élite tecnocratiche, la vecchia classe dirigente democratica e naturalmente i militari del Pentagono – ha riveduto il proprio ottimismo sull'opportunità cinese. In parte è il successo di Pechino ad aver provocato questo raffreddamento. La vecchia divisione dei compiti tra un'economia avanzata e una emergente prevedeva delocalizzazioni verso il paese a basso costo della manodopera, il quale riesportava verso il mercato americano anche tanti prodotti di marche Usa. Gli squilibri della bilancia commerciale, o lo smantellamento della classe operaia americana, non preoccupavano né i capitalisti della Silicon Valley né i banchieri di Wall Street. La strategia cinese ha garantito ricchi profitti a tutti. Ma la Cina di Xi Jinping sta cogliendo i frutti di un grande progetto di emancipazione. È stata brava e spregiudicata al tempo stesso; il suo popolo, i suoi imprenditori, i suoi governanti hanno resuscitato antichissime tradizioni che avevano fatto dell'Impero Celeste la potenza più ricca del pianeta; hanno sfoderato talento e determinazione, furbizia e cinismo; ci hanno battuti al nostro stesso gioco, talvolta barando.

Questa Cina è sempre meno emergente e sempre più emersa; in molti settori l'allievo ha superato il maestro; punta alla supremazia mondiale nelle tecnologie avanzate. Che Amazon sia costretta a chiudere le sue attività cinesi è la conseguenza del fatto che Pechino ha coltivato (con mezzi leciti e illeciti) dei campioni nazionali che fanno terra bruciata attorno a molte aziende straniere; ha saputo anche allevare un'imprenditoria locale ipercompetitiva, aggressiva, innovativa. A questo si aggiunge la consapevolezza del Pentagono e dell'intelligence Usa che Pechino brucia le tappe anche nella rincorsa politico-militare. Xi è il primo leader che proclama *urbi et orbi* la superiorità del suo modello autoritario sulle nostre liberaldemocrazie.

Lo scenario della «trappola di Tucidide» (la rivalità Atene-Sparta che sfociò nella guerra del Peloponneso) va studiato sempre più attentamente. Lo intuì nel 2015 un professore della Harvard Kennedy School, esperto di storia militare e strategia, Graham Allison. Il suo saggio *Destinati alla guerra. Possono l'America e la Cina sfuggire alla trappola di Tucidide?* (Fazi Editore, 2018) fu studiato con attenzione a Pechino, e Xi Jinping lo citò nel suo primo incontro con Trump. L'uso che ne fanno i cinesi è evidente: dicono a noi occidentali, e all'America in particolare, che non dobbiamo cadere nella trappola di altre potenze, quelle che in passato tentarono di bloccare l'ascesa di un rivale con ogni mezzo, inclusa la guerra. Ma la trappola può scattare in tanti modi. I comportamenti dei dirigenti cinesi stanno contribuendo ad alimentare in Occidente paura, diffidenza, risentimento. L'idea che «bisogna fermarli prima che sia troppo tardi» ha fatto breccia anche in ambienti lontanissimi dal sovranismo e protezionismo trumpiano.

Sul lungo periodo le profezie spesso vengono smentite, la storia adora le sorprese. Ma bisogna prepararsi a una serie di tregue armate, compromessi effimeri in cui America e Cina studieranno l'avversario per preparare nuove offensive. A noi conviene usare le pause per prepararci al peggio. Personalmente, avendo contribuito a spiegare agli italiani la «nuova Cina» quando ancora la sua potenza era agli albori (i miei libri *Il secolo cinese*, *L'impero di Cindia* e *L'ombra di Mao* uscirono fra il 2005 e il 2007), sento il bisogno di aggiornare quell'analisi. Partendo da un bilancio di tutti i cambiamenti avvenuti dopo il mio trasloco da Pechino a New York.

Cinque giorni di cielo azzurro a Pechino: è una delle prime sorprese – questa decisamente positiva – che mi accolgono al mio ritorno. Dieci anni fa chiudevo la mia esperienza cinese. Avevo inaugurato il primo ufficio di corrispondenza della «Repubblica» a Pechino nel luglio 2004, ci sarei rimasto fino al mio trasferimento a New York nel luglio 2009. Da allora ci sono tornato regolarmente, circa una volta all'anno. Spesso come inviato al seguito di un presidente degli Stati Uniti, Barack Obama o Donald Trump, per seguire un vertice bilaterale o dei super-summit tipo il G20. Altre volte in vacanza per rivedere i miei tre figli adottivi. Dunque non ho mai veramente staccato la spina, l'attenzione verso la Cina è rimasta costante. Però gli anniversari ti rendono più sensibile ai cambiamenti; ti costringono a fare dei bilanci. Così quest'ultima visita – tutta privata, una riunione di famiglia – mi ha imposto di misurare la distanza percorsa. Enorme. Sì, la Cina è cambiata tantissimo in questi dieci anni. Non ce ne siamo resi conto abbastanza. Forse anche perché questo paese si è chiuso all'informazione, ha eretto barriere più alte che ostacolano la circolazione di notizie e di idee nei due sensi. Loro subiscono la censura a casa propria, ma anche noi abbiamo sofferto inconsapevolmente di una certa rarefazione delle informazioni.

L'inquinamento in ritirata è una cosa fantastica. I miei cinque giorni di cielo azzurro potrebbero essere una coincidenza dovuta a condizioni meteo particolarmente fortunate, con venti benefici e dalla direzione giusta che spazzano via lo smog. Ma luglio è un mese difficile, perché la temperatura sale molto, ricordo delle estati opprimenti, invivibili, con l'afa e l'inquinamento che si fondevano in una miscela tossica che ti prendeva alla gola. Fece eccezione l'estate del 2008 per via delle Olimpiadi: un evento-svolta, che doveva consacrare il nuovo status internazionale della superpotenza cinese agli occhi del mondo intero. Per non turbare in alcun modo quella celebrazione, le autorità – allora era presidente Hu Jintao – presero delle misure più che drastiche, draconiane: molte settimane prima dell'apertura dei Giochi chiusero tutte le fabbriche in un vasto perimetro urbano e anche nella cerchia della periferia allargata; le automobili private vennero messe al bando o assoggettate a pesanti limitazioni; gli uffici pubblici mandarono in vacanza forzata una parte del personale per ridurre la popolazione residente e quindi i consumi energetici. Tutti questi provvedimenti si rivelarono efficaci: se fermi l'economia abbatti l'inquinamento. Ma oggi tanti amici cinesi e stranieri che risiedono a Pechino mi confermano una nuova realtà. Non è più soltanto in occasione di grandi eventi internazionali che scatta l'operazione «cieli azzurri». L'inquinamento è in diminuzione costante. Fantastica novità davvero, che dieci anni fa non mi sarei aspettato: non in tempi così rapidi.

Questo è un caso da manuale in cui i metodi di un regime autoritario funzionano. Un caro amico cinese – in certi casi evito di citare nomi, capirete perché – mi racconta la sua versione personale. È un piccolo imprenditore, fa produzione e manutenzione di pannelli solari, dunque un'attività ambientalista. Però, siccome viene catalogata come una «fabbrica», anche la sua azienda è stata colpita dall'editto governativo: ha dovuto spostarsi molto lontano dalla capitale. Lui obietta che così facendo il governo sta semplicemente trasferendo l'inquinamento da una regione all'altra. Però la sensazione è che molte cose si stiano muovendo nella direzione giusta. A livello aneddotico noto un'invasione di Tesla e di altre auto elettriche per le strade di Pechino, incentivata dalla «targa verde» che le esime dai turni (le altre automobili non possono circolare in certi giorni della settimana, a rotazione). Niente gilet gialli per protestare contro queste misure, per le strade della capitale cinese! A livello macro: la Cina attraverso le sole fonti rinnovabili produce ormai più elettricità pulita di quanta la Germania genera con tutte le fonti, energie fossili comprese.

Il balzo in avanti della Cina in questo decennio è ancora più spettacolare in un altro campo: la padronanza delle tecnologie digitali. Mi sono sentito un troglodita, entrando nei negozi con il mio piccolo pezzetto di plastica: la carta di credito è preistoria, è pateticamente superata. Ormai il cinese medio usa una sola app dello smartphone, per esempio associata alla messaggeria Weixin (detta in inglese WeChat, sostituisce il nostro WhatsApp che in Cina è vietato), per una serie infinita di funzioni della sua vita quotidiana. Al momento di pagare, in un negozio o ristorante, ma anche al posteggiatore e in molti servizi pubblici come i trasporti, basta aprire lo schermo di Weixin con il QR, il crittogramma o codice a barre quadrato. Il QR viene visto dal lettore ottico dell'esercente e autorizza il pagamento. Si stima che il volume di pagamenti su smartphone in Cina sia il centuplo che negli Stati Uniti. Il centuplo, sì. Quando io lasciai Pechino eravamo ancora nella fase della «rincorsa», oggi l'allievo ha superato il maestro. Per molti aspetti il futuro è la Cina di oggi, noi siamo il passato.

Il balzo in avanti nella modernità, se unito al nazionalismo in ascesa, mi riserva altre sorprese. Nella «mia» Cina di dieci anni fa era uno status symbol del giovane ceto medio-alto urbano andare a fare la spesa negli ipermercati Carrefour o da Ikea: un modo per omologarsi all'Occidente e un segnale di esterofilia nei consumi, per distinguersi dal popolo della provincia e delle campagne. Oggi Carrefour è in crisi, soppiantato da tante agili start-up cinesi che offrono la consegna a domicilio e ti salvano dagli ingorghi nel traffico. Dal *car-sharing* al commercio online, tutti i precursori della Silicon Valley sono in difficoltà. Amazon chiude i battenti perché sgominata da Alibaba; Uber non regge la concorrenza con gli omologhi cinesi del *car-sharing* (o del *bike-sharing*). Dietro questa ritirata delle aziende occidentali c'è anche una buona dose di protezionismo, occulto o palese. Ma non tutto si può ridurre all'azione discriminatoria del governo. Pesa anche la crescita di un tessuto imprenditoriale locale di cui gli occidentali hanno sottovalutato le capacità, troppo convinti di essere i primi della classe. Pesa, infine, un nazionalismo spontaneo dei consumatori. Nell'ultimo anno del mio soggiorno a Pechino fece notizia l'inaugurazione del primo Apple Store, i giovani della borghesia facevano la fila per entrarci. Oggi gli iPhone Apple sono scivolati al quinto posto tra le marche più vendute. Il made in China, per molti cinesi, è diventato sinonimo di una qualità ancora più avanzata della nostra. Qualcosa di simile accadde in Giappone negli anni Settanta, in Corea del Sud, Singapore e Taiwan negli Ottanta. Già allora qualcuno avvertì che l'Asia sarebbe tornata a essere il centro del mondo e noi la periferia. Ma oggi a effettuare il sorpasso sull'Occidente c'è una nazione da 1,4 miliardi di abitanti. E con un regime autoritario-nazionalista. È molto più complicato.

È una Pechino chic, raffinata e cosmopolita, quella che mi accoglie dentro Page One, la bellissima libreria aperta in un locale dal design elegante. Gli scaffali sono affollati anche di titoli americani e inglesi. Il pubblico che mi circonda, nell'abbigliamento e nei modi, potrebbe essere a Manhattan, a Tribeca o Soho; oppure a Londra, Berlino o Parigi. Eppure… La scelta dei titoli in lingua straniera è ricchissima per la letteratura classica moderna e contemporanea; limitatissima invece per la saggistica. Nulla viene venduto che possa risultare scomodo o irritante per il regime. È il paradosso di una superpotenza sempre più ricca, sempre più moderna, aperta al commercio globale, disponibile a generare turismo di massa verso quattro continenti; e tuttavia sempre più chiusa alla circolazione di informazioni e idee. Ci sono dei modi per aggirare la censura, cercare notizie sui siti stranieri. Si possono usare delle reti Vpn (Virtual Private Network), che bypassano le vie d'accesso cinesi a Internet. Però bisogna avere una motivazione particolare. Inoltre, ognuno lo fa a proprio rischio e pericolo. Tra i diplomatici stranieri raccolgo una fitta aneddotica sugli «incidenti tecnici» che possono colpire gli utenti di Vpn. Io stesso ne fui vittima. Pur viaggiando al seguito di un presidente americano, quindi assistito e protetto da una squadra di esperti in telecomunicazioni venuti dagli

Usa per crearci attorno una «bolla extraterritoriale», ebbi una giornata funestata da un malware che divorava i miei file sul computer. La vendetta della polizia cinese? Di certo l'uso di Vpn viene monitorato. Anche in questo, loro sono un passo più avanti di noi.

Lo stesso vale nelle tecnologie di *facial recognition*: l'Intelligenza artificiale applicata alla biometrica, al servizio della sicurezza. Prevenzione del crimine, antiterrorismo: la Cina è una specie di Israele al multiplo, su scala continentale, per la quantità di videocamere e la vigilanza 24 ore su 24. Un popolo intero, gli uiguri di religione islamica, è stato la cavia di un gigantesco esperimento di vigilanza digitale: passaporti sequestrati, Internet sigillato, mappatura biometrica e genetica su milioni di persone nella vastissima provincia turcomanna dello Xinjiang. Ecco in azione il Grande Fratello come nessun paese occidentale può neppure sognarselo; ben più avanzato anche rispetto ad altri regimi autoritari o democrature come Russia, Iran, Turchia. La Cina è all'avanguardia e ne va fiera: ufficialmente è così che avrebbe sgominato le infiltrazioni di al-Qaeda e dell'Isis tra gli uiguri, i complotti jihadisti. Ma il Grande Fratello si estende ben oltre lo Xinjiang musulmano. Oltre al Tibet c'è pure la Mongolia interna, ultima entrata fra le regioni cui il giornalista o il diplomatico straniero non hanno accesso, salvo ottenere visti speciali. Un terzo del territorio cinese è off-limits per molti di noi.

La censura che avanza implacabile, affiancata da forme sempre più sofisticate di biomappatura e controllo su noi umani, affidate all'Intelligenza artificiale: questa Cina è un *Blade Runner* dai cieli azzurri, futuro distopico e dispotico, ma senza le piogge acide del cult movie di Ridley Scott. Al mio ritorno in Cina mi assalgono impressioni fortissime e contraddittorie. Da Pechino raggiungo Tianjin, la città portuale più vicina alla capitale, con 16 milioni di abitanti e un curioso passato italiano (la ricevemmo come premio per aver partecipato alla guerra dei Boxer, vi abbiamo comandato noi, lasciando anche un'impronta architettonica, dal 1902 alla fine della seconda guerra mondiale). Sono passati quindici anni dalla mia prima visita e ci torno per ammirare un centro culturale avveniristico, con una meravigliosa biblioteca pubblica dal design spaziale, realizzata da architetti olandesi. Fra Pechino e Tianjin ogni ora sfreccia un *bullet train*, uno di quei treni ad alta velocità che ormai raggiungono tutte le grandi città cinesi. Quando lasciai la California nel 2004 per trasferirmi in Cina, si stava discutendo della costruzione della prima linea ferroviaria ad alta velocità in America, che avrebbe dovuto collegare San Francisco a Los Angeles. Se ne discute ancora oggi. Nelle infrastrutture gli Stati Uniti sprofondano, cadono a pezzi; la Cina sfavilla di modernità (a fine settembre 2019 è entrato in funzione il nuovo mega-aeroporto di Pechino; l'ultimo fu inaugurato nel 2008 in occasione delle Olimpiadi).

Ci siamo distratti per un attimo e qualcuno tra noi ancora pensa che i cinesi «ci copiano». Il furto di know how, lo spionaggio industriale, il saccheggio di tecnologie occidentali resta una realtà; ma non esaurisce la spiegazione di quel che è accaduto. Un pezzo di questa economia ha sorpassato l'America, che se n'è resa conto di colpo e tenta di correre ai ripari quando forse è troppo tardi. Un punto di svolta è stata la crisi economica del 2008-2009: sia perché ha assorbito tutta l'attenzione e le energie dell'Occidente rendendoci meno attenti a quel che avveniva lontano da noi; sia perché quella crisi ha dato a Xi Jinping la certezza che il sistema autoritario è più efficiente della liberaldemocrazia nel governare l'economia e la società.

Ma se noi occidentali ci siamo distratti, e abbiamo sottovalutato il balzo in avanti dei cinesi, non è solo colpa nostra. Questa Cina non si lascia osservare, esplorare e raccontare facilmente. L'elenco dei colleghi americani a cui hanno negato il visto d'ingresso si allunga, e include alcuni tra i massimi esperti della Cina come Nicholas Kristof del «New York Times», e colui che fu il mio mentore, l'ex rettore della facoltà di giornalismo di Berkeley, Orville Schell. Il suo caso è particolarmente assurdo: è stato uno dei più grandi giornalisti americani esperti della Cina, su cui ha scritto libri che restano tuttora dei punti di riferimento obbligatori; è sposato con una cinese; dirige la sezione cinese nel think tank Asia Society a New York. Negargli il visto è una vendetta, un castigo, che lo priva della possibilità di aggiornarsi sul terreno. Come lui, sono colpiti regolarmente tanti sinologi: o scrivono cose gradite a Pechino, oppure il regime gli nega l'accesso al paese che è l'oggetto dei loro studi. Si capisce che la nostra conoscenza della Cina deve superare ostacoli notevoli, eretti per farci sapere solo quello che vogliono loro. Nei giorni della mia ultima visita, un ulteriore elemento di tensione e preoccupazione riguarda i diplomatici canadesi arrestati. Si tratta senza dubbio di una vendetta legata al caso Huawei. Nel dicembre 2018 finì agli arresti domiciliari in Canada la direttrice finanziaria del colosso cinese delle telecomunicazioni, Meng Wanzhou, che è anche la figlia del fondatore di quell'azienda, l'ex ufficiale dell'Esercito popolare di liberazione Ren Zhengfei. È stata arrestata su richiesta del dipartimento di Giustizia di Washington, accusata di aver violato le sanzioni contro l'Iran. La vicenda s'intreccia con l'embargo contro Huawei che gli Stati Uniti cercano di imporre anche ai propri alleati europei, per il sospetto che la tecnologia cinese nella telefonia 5G (di quinta generazione) sia un cavallo di Troia dello spionaggio. Lo scontro è Usa-Cina, però Xi ha deciso di infierire sui canadesi, calpestando l'immunità diplomatica con gli arresti.

Quando lasciai la Cina, vigeva ancora il principio di una direzione collegiale ai vertici dello Stato. L'allora presidente, Hu Jintao, era una figura grigia. L'avvento di Xi ha cambiato tutto: questo presidente è una star, gestisce la propria immagine come un leader occidentale, perfino la First Lady è una celebrity. Ha sgominato la maggior parte dei suoi avversari interni, spesso colpendoli con accuse di corruzione e pesanti condanne. Ha fatto cambiare la Costituzione per iscriverci il suo nome (un onore riservato al fondatore del regime, Mao Zedong). Ha fatto abrogare ogni limite al suo mandato. È dai tempi di Deng Xiaoping – il regista delle riforme capitaliste ma anche del massacro di piazza Tienanmen – che un leader cinese non concentrava un tale potere nelle proprie mani. Xi costruisce la propria legittimità intorno a una narrazione ipernazionalista: la Cina si afferma come una superpotenza senza più remore nell'esibire un progetto egemonico; cancella per sempre il «secolo delle umiliazioni» aperto dalla guerra dell'Oppio (1839). Tutto questo piaceva moltissimo ai cinesi soprattutto nella fase iniziale della sua ascesa.

Vera culla del sovranismo, anche sul piano politico, la Cina ci ha preceduti in molti esperimenti. Per esempio la religione riscoperta e valorizzata come pilastro nella ricostruzione di un'identità nazionale forte. Nella Pechino dove nacque l'ateismo di Stato ai tempi di Mao, oggi visito templi buddisti sempre più affollati, con la benedizione ufficiale di Xi Jinping (anche Confucio, il profeta laico, è stato arruolato con la stessa funzione). Da Israele – oltre alla tecnologia della videosorveglianza e dei controlli biometrici – questa Cina ha mutuato un'altra idea: finanzia viaggi di «scoperta delle proprie radici» ai giovani cinesi della diaspora, un regalo costoso ma lungimirante, per garantire che la vasta comunità d'oltremare (ormai 70 milioni fra emigrati ed espatriati temporanei) sia partecipe dello stesso revival nazionalista della madrepatria.

Sul destino delle minoranze etniche ho un punto d'osservazione ravvicinato; e alternativo. I miei tre figli adottivi, Shanzha, Che Ghe e Seila, sono degli yi del Sichuan:

fisicamente più simili ai tibetani o ai mongoli; con la pelle dal colore più scuro degli han (il ceppo della maggioranza cinese). Il nostro primo incontro avvenne tredici anni fa nel loro villaggio di montagna, Jiudu, nella contea di Xichang. Quando lo visitai mancavano le fognature, le strade erano sterrate, molte case non avevano luce né acqua corrente. I tre ragazzi sono ormai ventenni e la loro vita ha avuto una svolta nelle grandi città. Sono rimasti affezionati alle radici, amano tornare al villaggio natio in occasione delle feste tradizionali in costume etnico. Mostrano con orgoglio le foto delle loro visite. Il governo cinese ha investito nella modernizzazione di quelle zone remote e povere. Le strade sono asfaltate, le loro casupole semiabbandonate hanno ricevuto un intervento pubblico di restauro. In quanto orfani e membri di una minoranza etnica, Shanzha, Che Ghe e Seila hanno diritto a un assegno mensile, un reddito di cittadinanza.

Le vie del consenso in un regime autoritario sono molteplici: includono la costruzione di un Welfare; la sicurezza; la lotta alla corruzione a colpi di condanne esemplari; l'esportazione delle sovracapacità (manodopera, acciaio e cemento) lungo le Nuove Vie della Seta. In fatto di nazionalpopulismo, quello di Xi viene da lontano; ha i muscoli gonfiati con gli steroidi. Gli yi sono un'etnia minuscola, mai protagonista di ribellioni di massa come i tibetani e gli uiguri. Ma anche con quelle altre minoranze più riottose, Pechino ha sempre alternato il bastone e la carota. Lo stesso Dalai Lama ha riconosciuto i benefici del progresso materiale con cui i cinesi hanno sollevato il suo Tibet da una miseria medievale.

Questa Cina ricorda per tante cose l'America della conquista del Far West, ha lo stesso spirito di una grande missione storica da assolvere. Chi si oppone alla marcia implacabile del destino sarà travolto? A differenza degli Stati Uniti dell'Ottocento, la Repubblica popolare vive la propria ascesa come un ritorno all'ordine naturale delle cose. Tremila anni di storia le danno un evidente complesso di superiorità. La supremazia dell'uomo bianco sul pianeta è una breve parentesi recente, che si sta chiudendo. Se l'Occidente tenta di resistere all'ineluttabile, è solo per egoismo, prepotenza, arroganza?

Intanto l'America sta vivendo un altro «momento Sputnik»: così fu definito lo shock del 4 ottobre 1957 quando l'Unione Sovietica riuscì a mettere in orbita il primo satellite (chiamato Sputnik, appunto). Il sorpasso sugli Stati Uniti nella corsa allo spazio allora era del tutto inatteso, l'evento scosse gli americani, che si consideravano superiori; li costrinse a correre ai ripari accelerando e potenziando i loro programmi spaziali. Oggi in alcune tecnologie come la telefonia mobile di quinta generazione e l'Intelligenza artificiale la Cina ha i suoi Sputnik. Ancora una volta, come sessantadue anni fa, l'America deve risvegliarsi dal suo torpore e scoprire che rischia il sorpasso. Ma la sfida con l'Urss si svolgeva tutta sul terreno strategico-militare, dalle bombe atomiche ai missili (lo spazio era un luogo di esercitazione e simulazione per vettori utilizzabili anche a scopi bellici). Con la Cina la sfida è a 360 gradi. L'economia cinese ha dimensioni ormai eguali a quella americana, mentre la sovietica rimase sempre inferiore, e in certi settori sottosviluppata. L'Europa è strattonata, contesa e forse un giorno sarà stritolata: a differenza di un tempo, infatti, la sua economia, non limitata dai muri e dalle cortine di ferro della prima guerra fredda, è molto integrata con quella cinese.

Insieme all'orgoglio nazionalista, avverto tra i miei amici cinesi anche un senso d'inquietudine: alcuni temono che Xi stia contribuendo proprio a quella «trappola di Tucidide» che dice di voler evitare.

Pechino e New York, 30 settembre 2019

I

La nuova guerra fredda è già cominciata

> Il meglio del meglio non è vincere cento battaglie su cento, bensì sottomettere il nemico senza combattere.
>
> SUN TZU, *L'arte della guerra*, VI secolo a.C.

Le origini dell'espressione «guerra fredda» sono contese fra più autori, ma probabilmente la paternità originaria spetta al romanziere britannico George Orwell, lo stesso che disvelò la distopia comunista nella satira feroce *La fattoria degli animali* e profetizzò un Grande Fratello predigitale nel romanzo di fantapolitica *1984*.

Nel 1945, poco dopo i bombardamenti nucleari su Hiroshima e Nagasaki, Orwell scrive un saggio intitolato *You and the Atomic Bomb*. In quel testo (pubblicato su «Tribune») prevede l'avvento di «una pace che non è pace». Il 1945 è l'anno della conferenza di Jalta, il vertice in cui il presidente americano Franklin D. Roosevelt, il premier britannico Winston Churchill e il dittatore sovietico Iosif Stalin iniziano a spartire il mondo in aree d'influenza. Non è ancora avvenuta la rottura tra Stati Uniti e Unione Sovietica, alleati nella lotta ai nazifascismi. Bisognerà attendere l'avanzata dell'Armata rossa e la presa del potere dei comunisti in diversi paesi europei. Un anno dopo l'intuizione di Orwell, il premier inglese Churchill, parlando davanti agli studenti di una università americana il 5 marzo 1946, lancia il suo allarme sull'avvento di una «cortina di ferro»: è l'immagine con cui raffigura la separazione geopolitica, militare, ideologica tra Europa dell'Ovest ed Europa dell'Est.

Orwell nel 1945 non profetizza soltanto il nuovo conflitto Usa-Urss che avrebbe segnato i destini mondiali per i successivi quarantaquattro anni. Nel suo saggio prevede un terzo scenario e una protagonista aggiuntiva: «L'Asia orientale, dominata dalla Cina». Di lì a poco, in effetti, la sua previsione si avvera, la Cina finisce nel campo comunista con la vittoria della rivoluzione rossa nel 1949. Washington rifiuta di riconoscere la legittimità del governo di Mao Zedong e a lungo avrà relazioni diplomatiche solo con Taiwan, dove si sono rifugiati i nazionalisti che hanno combattuto i comunisti con l'aiuto americano. Non è solo guerra fredda, di lì a poco scoppia anche una guerra vera, caldissima, che oppone soldati cinesi e americani sul fronte coreano dal 1950 al 1953.

L'alleanza di oggi tra Cina e Corea del Nord è la conseguenza di quel conflitto. Poi però i rapporti tra Mao e i leader dell'Unione Sovietica si guastano, fino a sfociare in uno scisma insanabile tra le due chiese del comunismo mondiale. Ne segue un periodo d'isolamento internazionale di Pechino. Interrotto da un colpo di scena, nell'anno 1972: il viaggio del presidente repubblicano Richard Nixon per incontrare Mao. È l'inizio di un capitolo nuovo, una storia di progressivi miglioramenti nelle relazioni sino-americane. L'America pur di non guastare la nuova amicizia «perdona» la repressione militare di piazza Tienanmen (1989), limitandosi a reagire con sanzioni abbastanza modeste (che riguardano solo le forniture militari). Tappa fondamentale di questo percorso è, tra il 1999 e il 2001, il negoziato finale e poi l'ingresso della Repubblica popolare nella World Trade Organization (Wto): la costruzione di una globalizzazione fondata sul reciproco interesse, che allarga a dismisura i confini del capitalismo, trasforma in profondità i meccanismi dell'economia mondiale, fino a configurare una sorta di condominio. È quest'ultimo il capitolo che si sta chiudendo sotto i nostri occhi.

I segnali di una nuova era glaciale sono molteplici, si percepisce un allontanamento progressivo e irreversibile tra le due superpotenze. Perfino i flussi turistici ne risentono. Tra il 2017 e il 2018 il numero di visitatori cinesi negli Stati Uniti è sceso del 10 per cento, oltre duecentomila in meno. Calano anche le iscrizioni di studenti cinesi nelle università americane. Maggiori difficoltà a ottenere i visti, cui si aggiunge l'effetto dissuasivo di un clima di ostilità reciproca. Non giova il fatto che all'interno della diaspora cinese negli Stati Uniti a volte si siano infiltrate delle spie. Le bordate di dazi inflitte da Trump alle importazioni cinesi hanno avuto visibilità sui media e monopolizzato la nostra attenzione, ma c'è un dettaglio nascosto e altrettanto importante: quelle misure protezioniste hanno suscitato una resistenza sempre più affievolita da parte del capitalismo americano. Un tempo i governanti di Pechino sapevano di poter contare su un alleato formidabile a Washington: le lobby che difendono gli interessi delle multinazionali americane.

Quando Trump ha iniziato ad agitare la minaccia dei dazi, nel 2017, c'è stato un principio di resistenza. Dalle associazioni confindustriali agli editoriali del «Wall Street Journal» la voce del capitalismo americano si è fatta sentire, e come sempre ha difeso le frontiere aperte. Ma quella battaglia è andata scemando. Con il passare del tempo l'establishment capitalistico americano si sta rassegnando all'idea che i rapporti con Pechino non saranno mai più come nell'ultimo trentennio. Molte aziende Usa erano già «segretamente» indignate per essere state vittime di spionaggio industriale, ricatti da parte del governo cinese, furti di segreti tecnologici; ma non osavano dirlo ad alta voce per non inimicarsi le autorità della superpotenza asiatica e per non attirare ritorsioni. Ora molti chief executive stanno diventando più espliciti nell'ammettere ciò che stava accadendo da anni: con le leggi capestro imposte da Pechino (per esempio l'obbligo di prendersi un socio locale), le multinazionali occidentali hanno «allevato» quelle concorrenti che in seguito hanno divorato quote di mercato. Fino a qualche anno fa il gioco valeva la candela, perché il saccheggio di know how aveva come contropartita l'accesso a un miliardo di consumatori.

A poco a poco, però, quel mercato ha cominciato a restringersi perché i prodotti locali sono diventati più appetibili. Con qualche eccezione, la lobby filocinese a Washington è in ritirata. Nei quartieri generali di diverse multinazionali è già scattato il piano B: come rendersi meno dipendenti dalla Cina, come allentare quei legami che erano stati costruiti nell'ultimo trentennio. È un'operazione chirurgica, dolorosa, quasi fosse la separazione di due gemelli siamesi. Basta osservare un iPhone di Apple, simbolo di una catena logistica globale: i software incorporati e i pezzi che lo compongono vengono dalla California, dalla provincia cinese del Guangdong, da Giappone, Taiwan, Germania. Un intreccio intercontinentale che sembrava inestricabile, ma che ora sta diventando un elemento di vulnerabilità. Apple, o qualsiasi altra multinazionale, non può permettersi di essere alla mercé delle tempeste politiche fra Washington e Pechino. Le due economie più ricche del pianeta erano diventate quasi una cosa sola; ora il divorzio è in atto. Comporterà un «riallineamento globale». Il commercio mondiale non sarà più lo stesso.

Se un giorno cercheremo la data iniziale di questa nuova guerra fredda, potremmo fissarla al 4 ottobre 2018. Il protagonista non è illustre quanto Winston Churchill, ma gli statisti di quella levatura non abbondano ai nostri tempi. Tocca al vice di Trump, Mike Pence, pronunciare il discorso che forse ricorderemo come l'equivalente della «cortina di ferro» di Churchill. Il luogo è un think tank importante di Washington, lo Hudson Institute. È in quella sede che nell'ottobre 2018 nasce una nuova dottrina americana sulla Cina. Qualcuno l'ha chiamata ironicamente «la cortina di bambù». Ma c'è poco da scherzare. Il discorso del vicepresidente americano non nasce a caso; è il concentrato di analisi anticipate mesi prima nel documento sulla National Security Strategy. La Cina viene definita una «potenza revisionista», nel senso che danno gli americani a questo termine: una potenza che vuole «rivedere», per piegarle a suo favore, le regole del gioco, gli equilibri mondiali, gli assetti e i rapporti di forze.

Questa conclusione si accompagna a una lunga requisitoria. La Cina, accusa Pence, ha violato sistematicamente da molti anni lo spirito e la lettera delle regole sul commercio stabilite dalla World Trade Organization (Wto): ha imposto per prima superdazi spesso ben più alti di quelli varati da Trump; ha costretto le aziende occidentali a trasferire le proprie conoscenze tecnologiche; ha rubato proprietà intellettuali; ha usato senza remore i sussidi pubblici; ha svalutato la propria moneta per rendere più competitivo il made in China; ha disseminato il mondo di spie che carpiscono segreti all'Occidente. Sono tutte cose abbastanza note, però in quel discorso di Pence fanno massa critica, diventano dominanti: non solo è cambiato il tono, ma c'è la presa di coscienza di essere arrivati a un punto di non ritorno. Continuare a tollerare quei comportamenti dei cinesi non è possibile, salvo accettare il suicidio dell'impero americano.

Un secondo ordine di accuse nel discorso di Pence riguarda le promesse tradite da parte dei leader di Pechino: l'apertura delle frontiere che era nei patti non si è avverata; l'economia cinese rimane un ibrido capitalismo di Stato con un forte controllo del Partito comunista; zero riforme politiche, anzi dall'avvento di Xi c'è una marcata involuzione autoritaria. Il terzo capitolo nella requisitoria del vice di Trump riguarda la politica estera e la strategia militare: Pechino continua l'escalation degli armamenti, ha lanciato una militarizzazione delle acque limitrofe, nel Mar della Cina orientale e meridionale moltiplica gli atti di prepotenza per annettersi isole contese da Giappone, Filippine, Vietnam.

La nuova guerra fredda – con la sua dichiarazione ufficiale – è cominciata da quel discorso allo Hudson Institute. Che sfiora soltanto la questione del disavanzo import-export: un problema fra tanti. Tra Stati Uniti e Cina non siamo più nell'ambito di una guerra commerciale. Ormai è chiaro che gli squilibri tra vendite e acquisti sono stati solo un *casus belli*, un capitolo in uno scontro ben più vasto. È come se di colpo si fossero accesi tanti segnali d'allarme, e l'America avesse aperto gli occhi: c'è qualcuno che sta per rubarle il posto; e poiché lo sfidante ha anche un sistema politico incompatibile con i valori storici dell'Occidente, la minaccia assume una dimensione esistenziale, epocale. Gli alleati sono chiamati a stringersi intorno agli Stati Uniti, o ne pagheranno le conseguenze.

Tutto questo non dipende soltanto da Trump né ha inizio con la sua presidenza. Bisogna evitare la facile tentazione di attribuire al suo turbopopulismo nazionalista il sabotaggio della globalizzazione: questa è la versione di comodo che Xi è andato a esporre al World Economic Forum di Davos, ma non regge. In realtà era nell'aria già da tempo un riesame dei rapporti Usa-Cina. Lo conferma un autorevole rapporto americano i cui artefici non sono affatto vicini a questo presidente. Gli danno però atto di aver visto giusto sulla Cina, anche se i metodi che usa non sono efficaci. La minaccia che viene da Pechino è molto più seria di quanto l'Occidente abbia compreso: economica e tecnologica, politica e militare, è una sfida egemonica a tutto campo, contro la quale bisogna correre ai ripari.

Questo affermavano nel febbraio 2019 i massimi esperti americani sulla Cina, molti dei quali sono progressisti o moderati repubblicani anti-Trump; alcuni hanno avuto un ruolo di punta sotto le precedenti amministrazioni (anche democratiche) di Bill Clinton, George W. Bush, Barack

Obama. Le loro conclusioni sono contenute nel Task Force Report presentato all'Asia Society di New York, e intitolato «Correzione di rotta». Nel documento c'è la più completa e aggiornata analisi sullo stato dei rapporti tra le due superpotenze. Orville Schell e Susan Shirk, che hanno guidato per due anni i lavori di questo gruppo di esperti bipartisan, riconoscono a Trump il merito di avere intuito cose che l'establishment economico e le alte sfere della diplomazia hanno tardato a riconoscere. Cina e Stati Uniti sono effettivamente «in rotta di collisione», e non per colpa del protezionismo americano, che è solo una tardiva controreazione a quello cinese. La crisi nei rapporti viene da lontano, sarà durevole, avrà ripercussioni globali anche nel dopo-Trump, chiunque gli succeda alla Casa Bianca. È la Cina ad applicare in modo sistematico il sovranismo: discrimina tra imprese straniere e nazionali, «calpesta le norme della competizione e le leggi internazionali, viola i principi fondamentali della reciprocità». In campo tecnologico persegue disegni egemonici e, dalla quinta generazione della telefonia mobile all'Intelligenza artificiale, mira a una «nuova forma di mercantilismo», con sinergie tra imprese civili e forze armate teorizzate nel piano «Made in China 2025».

L'America e l'Europa sono state pericolosamente distratte, per molti anni. L'accelerazione cinese verso una nuova ambizione espansionista e un approccio aggressivo viene da lontano: la grande crisi del 2008 convinse i dirigenti comunisti di Pechino che il loro modello autoritario è superiore alle liberaldemocrazie occidentali; con l'avvento di Xi Jinping nel 2012 la svolta verso il «trionfalismo nazionalista» si è fatta ancora più marcata. Questo ha coinciso con una pesante involuzione autoritaria del regime cinese, che non avviene solo ai danni dei propri cittadini o delle minoranze etniche in Tibet o Xinjiang, ma anche all'estero. La Cina sta «esportando metodi autoritari» nei modi in cui usa il proprio potere economico per zittire le critiche. Detta la repressione a Hong Kong, minaccia governi stranieri, manovra la concessione di visti o di finanziamenti culturali, ricatta gli studiosi e le università occidentali per allargare la sfera d'azione della propria censura. Compie atti sempre più ostili verso Taiwan e altre democrazie alleate degli Stati Uniti, a cominciare da Giappone e Corea del Sud.

L'avvento di Trump ha costretto la Cina a fare i conti con una controreazione, la cui efficacia non convince gli esperti, soprattutto quelli di simpatie democratiche. Gli errori di Trump, secondo loro, sono soprattutto due: non ha saputo costruire un'alleanza d'interessi per costringere la Cina a rispettare le regole; e ha limitato il contenzioso alla sfera commerciale evitando ogni pressione sui diritti umani. «Una grande forza dell'America è la rete di amicizie: ha 60 paesi alleati nel mondo, la Cina ha la Corea del Nord. È su questa forza che bisogna far leva; non agire da soli spaccando il fronte dei propri alleati» si legge nel rapporto. Ci sono dubbi anche sulle rivendicazioni americane in campo commerciale: perché la Cina cambi in profondità il suo nazionalismo spregiudicato, che altera le condizioni della concorrenza, «bisogna mettere la leadership comunista di fronte a un nuovo sistema di pressioni e di controlli continuativi, un percorso di lungo termine per correggere comportamenti che sono radicati».

Firmano il rapporto bipartisan i think tank Asia Society, Center on US-China Relations, 21st Century China Center. Tra gli esperti che vi hanno lavorato c'è il veterano della diplomazia Winston Lord, ex ambasciatore in Cina, già braccio destro di Henry Kissinger. Era in prima fila al vertice del disgelo Nixon-Mao che nel 1972 fece la storia. Oggi lo preoccupa «un'America che ha cancellato i diritti umani e la democrazia dall'agenda delle sue relazioni con la Cina». Come si vede, i repubblicani moderati e la sinistra democratica americana contestano a Trump degli errori; mentre condividono in pieno l'analisi del pericolo cinese contenuta nel discorso di Pence che apre la nuova guerra fredda.

Ha un senso usare l'espressione «guerra fredda», estrapolandola dal contesto degli anni 1946-1989? Le differenze da allora sono enormi. Volendo si possono riassumere in una sola cifra: il commercio tra Stati Uniti e Unione Sovietica nella parte finale del disgelo (quando a Mosca governava Michail Gorbaciov, alla fine degli anni Ottanta) arrivò a un massimo di 2 miliardi di dollari all'anno, cioè poca roba. Quello fra America e Cina vale la medesima cifra, ma al giorno.

La Repubblica popolare è il primo partner commerciale per molte nazioni occidentali. Ai tempi dei due blocchi capitalista-comunista i rapporti reciproci erano limitati, l'integrazione economica quasi nulla; mentre ora la Cina è «in mezzo a noi» al punto da comprarsi squadre di calcio inglesi e italiane, la Volvo, l'intero porto di Atene. Quando mai l'Urss è stata capace di comprare il controllo di aziende occidentali, a volte strategiche? Inoltre i cittadini dell'Urss o della Germania Est avevano enormi difficoltà a procurarsi un visto per visitare l'Occidente; invece oggi i turisti cinesi invadono in massa Venezia, Firenze, Roma, le Cinque Terre, Londra e Parigi. Il loro governo non gli nega la libera circolazione all'estero. Visitare Mosca, Varsavia, Praga ancora alla vigilia della caduta del Muro di Berlino era come finire in un film in bianco e nero degli anni Cinquanta, tante erano le privazioni e le arretratezze del comunismo. Al contrario, viaggiare a Pechino, Shanghai e Guangzhou oggi è un tuffo nella modernità estrema, è come avere un assaggio visionario di quel che saremo noi tra dieci anni.

Insomma, se si eccettua lo shock da Sputnik, l'Urss non è mai stata un serio rivale economico e tecnologico dell'Occidente; la Cina per molti aspetti ci ha già superati. Immaginare di stendere attorno alla Repubblica popolare un «cordone sanitario», fatto di dazi o di sanzioni o di altre forme di contenimento, è dunque illusorio? E qual è l'alternativa: la resa incondizionata? Moriremo cinesi?

Ignorare le minacce per la nostra sicurezza è ingenuo o irresponsabile. Ecco un'altra differenza rispetto alla guerra fredda Usa-Urss: a quei tempi gli armamenti per la difesa dell'Occidente erano costruiti soprattutto da aziende di Stato, situate da questa parte della cortina di ferro, protette da dispositivi antispionaggio (ogni tanto qualche spia dell'Est riusciva a introdursi, però erano eccezioni). Oggi gli armamenti occidentali, inclusi quelli americani, incorporano tecnologie digitali progettate e prodotte soprattutto nel settore privato, e spesso all'estero. È sempre più probabile che nei nostri sistemi di difesa ci siano dei componenti made in China, che potrebbero spiarci, o peggio sabotarci dall'interno in caso di conflitto. Non è fantascienza, è la conseguenza di un mondo che abbiamo costruito in un'epoca in cui la Cina ci sembrava inoffensiva e forse perfino destinata a diventare democratica come noi (questa era una teoria assai diffusa alla fine degli anni Novanta).

C'è una contronarrazione cinese della quale dobbiamo essere consapevoli. La espone con efficacia Xi Jinping, ma è condivisa da tanti suoi connazionali, intellettuali autorevoli o semplici cittadini. È la tesi secondo cui l'America sta scivolando nella paranoia, inventandosi un nemico che non c'è. «A noi manca il gene dell'imperialismo» disse Xi nel settembre 2017, alla vigilia del suo primo incontro con Trump. È una teoria che viene insegnata nei testi scolastici della Repubblica popolare: a differenza degli occidentali, la Cina non ha mai avuto colonie, non ha mai espresso un imperialismo aggressivo, non ha costruito la sua potenza conquistando e saccheggiando i territori altrui. Tremila anni di storia vengono semplificati così, a uso e consumo della propaganda ufficiale. La storia naturalmente è assai più complicata e la narrazione si può rovesciare con facilità. La Cina di oggi è in realtà frutto di conquiste territoriali, visto che oltre un terzo del suo territorio apparteneva a gruppi etnici soggiogati e a civiltà straniere (Tibet, Xinjiang, Mongolia). Nella lunga storia dell'Impero Celeste non mancarono le prepotenze verso i paesi vicini, costretti a forme di vassallaggio e di subalternità. Anche nella storia più recente, dalla rivoluzione maoista in poi, non sono mancate le guerre: contro l'India e contro il Vietnam. Non esiste un «gene» biologico dell'imperialismo; se esistesse, nessun popolo e nessuna civiltà ne sarebbero immuni perché gli imperi buoni sono favole di regime.

Nei miei anni cinesi mi appassionai alla storia di quel paese. Un personaggio in particolare mi affascinava: l'eunuco-ammiraglio Zheng He, che esplorò oceani lontani più di mezzo secolo prima che i navigatori europei aprissero per noi l'era delle grandi scoperte. Raccontato dai manuali di storia cinesi, oggi Zheng He appare come un eroe benevolo, alla guida di una flotta che perlustrava interi continenti senza ambizioni di conquista o di sfruttamento, spinto solo dalla curiosità e dal desiderio di allargare le conoscenze, gli scambi con altri popoli. Ma negli ultimi anni quella visione mitica è stata rivista e corretta dalla storiografia più seria: in realtà la flotta di Zheng He intimidiva i paesi visitati per farne dei vassalli arrendevoli. Non arrivò a conquistare e a costruire imperi d'oltremare, solo perché la dinastia Ming dovette ripiegare la sua forza militare sul territorio domestico, minacciato dalle invasioni nomadiche che avrebbero portato alla sua caduta.

Partendo dalla ricostruzione distorta del proprio passato imperiale, il messaggio di Xi vuole arrivare a una conclusione attuale. La globalizzazione come ha funzionato nell'ultimo trentennio secondo lui è una *win-win proposition*, cioè un gioco vantaggioso per tutti, in cui esistono solo vincitori e nessun perdente. L'ascesa della Cina è un fenomeno ineluttabile visto che è la nazione più popolosa della terra. L'America di Trump sta infilandosi proprio nella classica «trappola di Tucidide», così come è rievocata e attualizzata dallo studioso Graham Allison guardando alla guerra del Peloponneso (V secolo a.C.). Secondo lo storico greco Tucidide, furono l'ascesa di Atene e la paura che ispirò a Sparta, a rendere la guerra inevitabile. Allison ha studiato 16 casi degli ultimi cinquecento anni in cui «l'ascesa di una grande nazione ha minacciato la posizione della potenza dominante»: ben 12 di questi si sono conclusi con una guerra.

Xi prende sul serio la «trappola di Tucidide» al punto che l'ha citata più volte nei suoi discorsi, ammonendo noi occidentali a non cadere in quell'errore. La lezione da trarre, secondo lui, sarebbe che la potenza in declino (in questo caso America-Sparta) deve rassegnarsi a fare spazio alla potenza in ascesa (Cina-Atene) perché nel mondo c'è posto per tutti e il progresso di una nuova nazione non significa il regresso delle altre. Tanto più se questa nuova potenza ha obiettivi pacifici – svilupparsi economicamente – e non sta minacciando nessuno. Sarebbe un grave errore dunque, secondo Xi, se l'America si mobilitasse per fermare la Cina. Cadrebbe in una trappola che ha già provocato tragedie inutili in passato. Per esempio, quando la Gran Bretagna si convinse che il Secondo Reich del Kaiser rappresentava una minaccia fatale per la propria sicurezza, o addirittura per la propria sopravvivenza, rovinò una fitta rete di rapporti economici anglo-tedeschi fino a precipitare nella prima guerra mondiale.

Molti cinesi – non solo il loro presidente – vivono queste prove generali di guerra fredda come una dimostrazione di arroganza da parte dello Zio Sam. Proprio mentre il loro grande paese torna a occupare il posto che gli spetta nel mondo – e che fu suo fino al «secolo delle umiliazioni», cioè fino alla guerra dell'Oppio del 1839 –, l'America tenta di sabotarne l'ascesa perché non si rassegna a perdere il proprio primato. Prepotenza, egoismo, miopia rischiano di trascinare il mondo intero in una spirale di rappresaglie, al termine della quale c'è l'impoverimento di tutti. E magari perfino una guerra vera. In questa versione della «trappola di Tucidide» c'è una potenza cattiva, l'America-Sparta, pronta a qualsiasi cosa pur di arrestare la rivale; e c'è una potenza buona, la Cina-Atene, che ha solo aspirazioni legittime a un futuro migliore per il proprio popolo. Nella versione di Allison, per la verità, la metafora del Peloponneso è maneggiata in modo assai più raffinato e complesso. La storia delle rivalità tra potenze in declino e potenze emergenti non è così semplice, non ci sono buoni da una parte e cattivi dall'altra. Spesso s'innescano catene di errori e incomprensioni da ambo le parti che rendono il conflitto inevitabile. Allison non pratica il determinismo storico, è convinto che le decisioni dei leader possano fare la differenza ed evitare che le rivalità degenerino in guerre. Ma non attribuisce tutte le colpe a una parte o all'altra; né tantomeno accetta il manicheismo di Xi sulla Cina «geneticamente pacifica».

Oltre a Sparta-Atene e Inghilterra-Germania c'è un altro paragone storico interessante. È quello con l'ascesa degli stessi Stati Uniti. Nell'Ottocento la Gran Bretagna era la nazione più ricca e avanzata del pianeta; al culmine della sua espansione imperiale, sui suoi possedimenti «non tramontava mai il sole», le sue flotte spaziavano su tutti gli oceani. Gli Stati Uniti erano una tipica nazione emergente, e praticavano alcuni comportamenti pirateschi molto simili a quelli della Cina di oggi: per esempio, i brevetti e copyright delle aziende britanniche venivano copiati spudoratamente sulla sponda opposta dell'Atlantico. (Accadeva perfino in campo letterario, come scoprì nel 1842 il romanziere inglese Charles Dickens visitando un'America dove i suoi libri erano stampati in edizioni pirata a larga tiratura senza versargli royalties.) L'industria americana si arrampicò fino alle vette mondiali imitando e saccheggiando le invenzioni altrui, dall'Inghilterra alla Germania. Poi, quando era già un'economia forte, l'America seppe «usare» a proprio vantaggio l'Impero britannico. Godette della libertà di navigazione che era garantita dalla flotta di Sua Maestà britannica, una protezione benefica per una potenza commerciale in ascesa come gli Stati Uniti. Dunque gli americani risparmiarono a lungo sulle spese della propria difesa perché c'era Londra nel ruolo di «gendarme del mondo» che faceva rispettare le regole del libero scambio.

Venne poi la prima guerra mondiale, il conflitto che avrebbe segnato la disintegrazione o l'inizio della dissoluzione per molti imperi europei. Anche in quella guerra il comportamento degli Stati Uniti – che a lungo ritardarono la propria partecipazione militare – fu opportunistico. Approfittarono della rottura dei rapporti con la Germania per espropriare tutte le proprietà intellettuali delle aziende chimiche tedesche sul suolo americano, favorendo così un balzo in avanti delle proprie tecnologie. Usarono il modello del capitalismo di Stato per la costruzione di armamenti moderni: la compagnia Rca (Radio Corporation of America) affiancò la US Navy nella realizzazione di una rete di telecomunicazioni globale. Un precedente che la storica americana Katherine Epstein, nella sua analisi pubblicata dal «Wall Street Journal» (*To Understand China, Look to America's History*), ha paragonato al rapporto stretto fra Huawei e le forze armate cinesi.

Infine, gli Stati Uniti approfittarono della guerra 1914-18 per sostenere il boom di New York come piazza finanziaria alternativa a Londra. Furono in tanti modi una potenza-parassita, che sfruttò tutti i benefici della Pax Britannica, preparandosi a sostituire chi l'aveva costruita e ne sosteneva i costi. I cinesi più colti, che conoscono questi capitoli della nostra storia, si chiedono perché a loro viene rinfacciato un comportamento che fu tipico dell'America nella sua fase ascendente.

Il tema merita di essere approfondito, perché la Cina si è comportata effettivamente come un gigantesco parassita della Pax Americana. Gli studiosi di geopolitica usano di preferenza un altro termine, *free rider*, che in inglese designa chi viaggia su un mezzo pubblico senza pagare il biglietto. Il mezzo pubblico in questo caso sono dei «beni pubblici a disposizione di tutti», offerti appunto dalla Pax Americana e pagati in buona parte dal contribuente americano. Quando la Cina – soprattutto a partire dal 1979 – è uscita dal suo isolamento non solo politico-diplomatico ma anche economico, ha abbandonato i principi del comunismo e sotto la guida di Deng Xiaoping ha cominciato la sua transizione verso il capitalismo, si è trovata a disposizione vasti mercati sui quali vendere i propri prodotti per trainare un boom industriale e sollevare dalla miseria i propri cittadini. Quei mercati internazionali non esistevano «in natura», erano il risultato di una cornice istituzionale che ne garantiva il buon funzionamento. La Pax Americana era stata costruita un pezzo alla volta cominciando dal vertice di Bretton Woods del 1944. I suoi pilastri erano il Fondo monetario internazionale e la Banca mondiale, poi quegli accordi di liberalizzazione degli scambi del Gatt (General Agreement on Tariffs and Trade) che decenni dopo avrebbero partorito il Wto. Anche le Nazioni Unite furono all'origine una costruzione americana (di Franklin D. Roosevelt). Naturalmente gli Stati Uniti non avevano agito in questo modo «per beneficenza» e generosità d'animo. La loro era una visione imperiale postmoderna, un pensiero egemonico fondato anche sul *soft power*: la capacità di disegnare un ordine mondiale basato su regole, nel quale altri paesi potessero riconoscersi e trovare vantaggi.

Nel periodo della prima guerra fredda, la Pax Americana aveva offerto i suoi benefici a «metà del pianeta», quella che si riconosceva nel sistema di alleanze e nei valori proclamati da Washington. Dopo la caduta del Muro di Berlino e la disintegrazione dell'Urss, i confini della Pax Americana si sono allargati. Perfino nelle alleanze militari qualche vantaggio si offriva a un *free rider* come la Cina. Tuttora, se le petroliere cinesi possono approvvigionarsi di greggio nel Golfo Persico e attraversare lo Stretto di Malacca indenni prima di raggiungere i porti di Guangzhou, Shanghai e Tianjin, è perché le flotte militari americane garantiscono la sicurezza contro milizie e pirati, e assicurano la navigabilità degli oceani. Il conto lo pagano i contribuenti americani, ma il «servizio pubblico» del gendarme è utile anche ai cinesi.

Qualcuno ha definito l'impero postmoderno degli Stati Uniti con neologismi suggestivi: per esempio, «impero su invito» (perché coopta alleati e subalterni anziché farne delle colonie), «egemonia consensuale», «Leviatano liberale». La cooptazione più colossale, e gravida di conseguenze, fu proprio quella della Cina nel Wto, alla fine del 2001. Fu forse l'ultimo atto nell'allargamento dei confini d'influenza del secolo americano. La tempistica va ricordata perché già allora c'erano in embrione i segnali di una crisi potenziale. L'accesso della Cina al Wto, che le avrebbe spalancato i mercati del mondo intero, era stato negoziato a partire dal 1999. Ma l'atto finale avvenne nel dicembre 2001, cioè tre mesi dopo l'attacco terroristico alle Torri Gemelle. Alla Casa Bianca c'era George W. Bush e la sua presidenza era stata inaugurata da una crisi diplomatica grave con Pechino. Il 1° aprile 2001 nei cieli sopra l'isola di Hainan c'era stata una collisione tra un aereo-spia americano e un jet militare cinese. Un pilota cinese era morto, il velivolo americano era stato costretto a un atterraggio forzato, i 24 membri dell'equipaggio catturati e detenuti dall'Esercito popolare di liberazione. La crisi aveva accelerato la presa di coscienza a Washington sul formidabile riarmo cinese e la capacità d'interdizione che le forze armate di Pechino stavano conquistando in quella parte del mondo. Stava maturando un ripensamento generale sui rapporti Usa-Cina, in anticipo di un quindicennio su Trump. Peraltro, anche sui rapporti commerciali esisteva già una corrente critica verso la concorrenza della Cina e le delocalizzazioni di posti di lavoro americani. Ma poi arrivò l'11 settembre, che spostò altrove tutta l'attenzione e l'energia dell'America. La Repubblica popolare venne quindi ammessa nel Wto, alla fine dell'anno, in uno scenario mondiale dominato dalla «guerra al terrorismo», l'intervento militare in Afghanistan (prontamente appoggiato dalla Cina).

Col passare degli anni Pechino ha sviluppato un atteggiamento ambivalente verso la Pax Americana e le sue varie articolazioni. I dirigenti cinesi – dopo un furioso dibattito interno in cui l'ala radicale del Partito comunista temeva uno scenario «postcoloniale» come risultato dell'apertura delle frontiere – si accomodarono dentro il Wto avendo negoziato dei trattamenti speciali e delle clausole favorevoli. Accettarono a lungo la presenza militare degli Stati Uniti dal Medio Oriente all'Estremo Oriente in quanto elemento di sicurezza e di stabilità per i traffici commerciali. E accettarono anche di inserirsi in tutta l'architettura di istituzioni multilaterali nate da Bretton Woods, Fmi e Banca mondiale. Al tempo stesso, però, la leadership cinese ha sempre avuto un atteggiamento «revisionista», nel senso di voler correggere e trasformare un sistema che aveva trovato già in vigore, ereditandolo dal secolo americano. Non ha mai cessato di affermare, in teoria e in pratica, le proprie aspirazioni egemoniche sui mari limitrofi e su territori contesi, inclusa Taiwan. Ha cominciato, più di recente, a costruire i pilastri di un sistema alternativo: la Banca asiatica d'Investimento per le Infrastrutture (su cui tornerò nel capitolo sulle Vie della Seta) è un'alternativa alla Banca mondiale con sede a Washington. Né bisogna credere che l'avversione al multilateralismo sia una prerogativa di Trump: i governanti cinesi non hanno mai accettato che istituzioni sovranazionali ficcassero il naso nei loro abusi contro i diritti umani. Pechino insomma pratica un globalismo *à la carte*: sceglie dal menu della Pax Americana ciò che serve a far progredire la potenza cinese, scarta tutto il resto.

Visto da Washington, questo atteggiamento «parassitario» è diventato ancor più insopportabile in quanto la Cina ha ormai un'economia altrettanto grande se non superiore a quella americana. Inoltre, al declino relativo degli Stati Uniti si accompagnano problemi interni molto seri: decenni d'impoverimento delle classi meno abbienti, aumento delle diseguaglianze, fatiscenza delle infrastrutture, decadimento della scuola pubblica. Alcune di queste cose sono collegate alla concorrenza cinese, altre no. Tutte, però, contribuiscono a rendere insofferenti fasce di elettori americani verso il ruolo di «gendarme mondiale» a sostegno della Pax Americana. Quindi l'atteggiamento della Cina come *free rider* è avversato da più parti.

Infine è sempre più evidente l'obiettivo strategico-militare di lungo periodo che sta dietro il riarmo cinese. Xi Jinping vuole gradualmente espellere gli Stati Uniti dall'Asia-Pacifico, trasformando quell'area del mondo nel «cortile di casa» della Cina dove a dettar legge saranno i governanti di Pechino. A volte nei toni usati dai dirigenti cinesi si avverte un ritorno a quella concezione dell'Impero Celeste come centro di un vasto sistema di relazioni, circondato da Stati feudatari, vassalli e satelliti. Una sfera d'influenza nella quale ognuno sa quale posto gli spetta, e quali gesti di obbedienza e ossequio sono graditi a Pechino (per esempio: mai invitare il Dalai Lama). È l'alternativa – antichissima – all'«impero su invito e cooptazione» della Pax Americana. Non è uno scenario tranquillizzante, anzitutto per quei paesi alleati degli Stati Uniti che non desiderano affatto trasformarsi in vassalli della Cina: Giappone, Corea del Sud, Indonesia, Australia e Nuova Zelanda; e la stessa India che in prospettiva verrebbe inglobata in un'area dell'Indo-Pacifico sotto egemonia cinese. Per gli americani l'aspetto più inquietante è questo: ammesso che la Cina sia disposta a «lasciare» loro almeno per qualche tempo come sfere d'influenza l'Europa e l'America latina, la parte più dinamica dell'economia mondiale è proprio l'Asia-Pacifico. Sommando Cina, Giappone, Corea e India, più i nuovi dragoni del Sudest asiatico, si arriva al 50 per cento del Pil mondiale. Ed è questa la metà del pianeta in forte crescita: sia per i tassi di sviluppo più elevati sia per la capacità d'innovazione tecnologica.

Abbandonare alla Cina l'influenza egemonica sull'Asia-Pacifico significa lasciarle il controllo sul futuro e ritirarsi a guardia di un mondo in declino. La trappola in questo caso l'avrebbe tesa Xi Jinping, riservandosi la parte migliore. A Pechino tutto ciò sembra ovvio: le aspirazioni a un ruolo dominante in quella parte del mondo sarebbero la versione moderna della dottrina Monroe, proclamata dagli Stati Uniti nell'Ottocento, quando decisero di proibire ogni interferenza dei vecchi imperi coloniali europei in America latina. Dal Messico in giù nessuno doveva intralciare l'influenza degli Usa sul loro «cortile di casa». Il fatto è che l'influenza cinese si estenderebbe all'area più popolosa del pianeta, e dove abbondano (dettaglio non trascurabile) democrazie i cui cittadini hanno liberamente scelto di stare dalla parte dell'Occidente.

Della Cina che mostra i suoi muscoli sovranisti conservo un ricordo personale. I media occidentali sono talmente «introversi», talmente ossessionati dai propri demoni sovranisti (Trump o Salvini, Orbán o Boris Johnson) da non avere capito quanto il sovranismo sia antecedente e nato altrove. Un laboratorio originario è proprio la Cina. Il mio ricordo risale agli ultimi mesi della presidenza di Barack Obama, quando lo seguii al G20 di Hangzhou, l'antica capitale cinese della seta che fu visitata da Marco Polo. I summit sono sempre più inutili, la loro capacità di decidere è in calo costante. Sono però dei punti di osservazione utili sui rapporti tra i leader, sul *body language*, o linguaggio del corpo, con cui scelgono di confrontarsi con i propri pari. In quell'occasione la presidenza cinese che organizzava l'evento orchestrò un dispetto all'ospite americano. Quando l'Air Force One con a bordo Obama atterrò sulla pista, c'erano come sempre telecamere di tutti i network mondiali per riprendere il leader che si affaccia allo sportello del Jumbo 747 e scende la scaletta. È una scena vista cento volte, ma conserva una sua solennità. Quella volta, però, lo sportello non si aprì.

Io ero nella sala stampa organizzata dalla delegazione americana in un hotel di Hangzhou per noi giornalisti accreditati alla Casa Bianca. Insieme ai miei colleghi dei media statunitensi, fissavo lo schermo della Cnn con stupore. Passavano i minuti. Molti minuti. E lo sportello rimaneva chiuso. Cominciò a trapelare la spiegazione ufficiale, dai diplomatici Usa: il comandante dell'Air Force One non poteva aprire lo sportello per la semplice ragione che il personale di terra dell'aeroporto non gli forniva una scaletta abbastanza alta per arrivare al «secondo piano» del Jumbo. Il tempo continuava a passare, a terra vedevamo inquadrati dalle telecamere l'ambasciatore Usa in Cina, e alcuni notabili cinesi (ma non Xi Jinping). L'imbarazzo e il disagio erano alle stelle per un incidente tecnico-logistico senza precedenti. Alla fine si vide in movimento sulla pista una scaletta, ma troppo bassa. La misero davanti all'uscita «di servizio», uno sportello più piccolo situato in basso, sotto la coda, praticamente sul «sedere» del Jumbo. Passò ancora molto tempo in trattative febbrili tra americani e cinesi, ma vinsero i padroni di casa che controllavano la logistica di terra. Obama dovette, per la prima volta nella storia dei suoi viaggi ufficiali, uscire dal retro dell'Air Force One, alla chetichella, in una zona oscurata sotto le ali e i motori, quasi nascosto alle telecamere che lo avevano atteso a lungo all'uscita d'onore. Il suo arrivo fu reso invisibile e irrilevante, nella scenografia.

Lo screzio venne presto dimenticato; la delegazione americana fece finta di niente, evitò di sollevare un caso. Ma guai a sottovalutare questi segnali. La diplomazia cinese, che va orgogliosa di tremila anni di storia, è notoriamente attenta ai rituali, alle liturgie, ai dettagli del protocollo. Nella cultura cinese non c'è disastro peggiore che il «perdere la faccia». Quel giorno Xi aveva voluto umiliare Obama. Di lì a poco vinse le elezioni Trump, il quale non si lascia mai sfuggire un'occasione per accusare il predecessore di «ingenuità e arrendevolezza» nei rapporti con i cinesi. E forse su questo non ha tutti i torti.

Il paragone tra il gelo crescente Usa-Cina e la prima guerra fredda impone di esaminare un'altra differenza fondamentale. Oltre al contesto economico, esiste in aggiunta un conflitto ideologico? L'Unione Sovietica conduceva contro l'Occidente una guerra di idee, in parallelo con la tensione geopolitica e la corsa agli armamenti. Il comunismo era una dottrina alternativa, ostile, che veniva offerta al mondo intero per salvarlo dai mali del capitalismo: sfruttamento dei lavoratori, povertà, diseguaglianze, ingiustizie sociali. Nell'epoca ascendente dell'Urss, il suo Verbo rivoluzionario penetrava in molte società occidentali, e ancor più nel Terzo Mondo. Tra gli operai e tra i giovani le idee marxiste erano diffuse; talvolta si accompagnavano alla venerazione del presunto «paradiso socialista» di Mosca o della variante maoista. In Italia e in Francia – da «questa parte» della cortina di ferro – ci furono forti partiti comunisti, a lungo solidali con Mosca e obbedienti alle sue direttive. La gioventù americana, schierandosi contro la guerra del Vietnam negli anni Sessanta, era sensibile ai messaggi che venivano dal mondo comunista. Nei paesi in via di sviluppo il modello sovietico fece breccia a Cuba e in molti movimenti rivoluzionari che dilagarono nell'emisfero Sud, dall'Angola all'Indonesia (con alterne fortune). L'India di Indira Gandhi adottò un socialismo economico ispirato a teorie sovietiche. Insomma, prima di implodere per il fallimento del suo modello di sviluppo, l'Urss fu una Chiesa antagonista all'Occidente in tutti i sensi.

Ma la Cina? È difficile oggi trovare una somiglianza con l'Urss, o con la Cina di Mao ch'era impegnata a diffondere *urbi et orbi* le massime rivoluzionarie del *Libretto rosso*. Da quando la Repubblica popolare si è convertita al capitalismo, ha cessato di essere una fabbrica di ideologie sovversive che si propongono di scardinare i valori dell'Occidente. Questo rende molto diversa la nuova guerra fredda. Più difficile da capire, e da combattere. Non c'è di fronte all'America un nemico che si dichiari tale, come l'Unione Sovietica quando voleva esportare il comunismo in ogni angolo della terra. Questo ha contribuito a rendere «rassicurante» la Cina. Dopotutto, la competizione tra noi e loro si svolge perlopiù sul terreno del business. Non è una questione esistenziale, un antagonismo irriducibile. Ciò rende molto più arduo compattare le nazioni dell'Occidente e, al loro interno, mobilitare tutte le energie e tutte le istituzioni per fare quadrato: come invece l'America riuscì a fare dopo lo shock da «momento Sputnik».

L'assenza di una competizione ideologica e valoriale è forse destinata a essere solo una fase transitoria? È il tema che esaminerò nel capitolo sui sistemi politici alternativi e che qui voglio solo prospettare. La Cina del periodo emergente, della rincorsa verso il modello americano, cioè del periodo che va dalle riforme capitalistiche di Deng Xiaoping (1979) fino alle Olimpiadi del 2008, abbracciò una sorta di relativismo o multiculturalismo politico. Respingeva con sdegno ogni predica occidentale sui diritti umani. Denunciava come «interferenze» le (blande) pressioni americane a favore di una democratizzazione. Lo faceva però senza criticare il nostro sistema politico. Il messaggio di Pechino era: a ciascuno il suo. La liberaldemocrazia è nata e fiorita in Occidente, quindi è adatta a quei paesi che ne sono la culla storica, dicevano i leader comunisti della nuova generazione da Deng in poi.

La Cina è diversa per tante ragioni: dimensioni, diseguaglianze interne, tradizione confuciana. Il «socialismo in versione cinese» col passare degli anni diventava sempre meno socialista e sempre più una miscela di autoritarismo, paternalismo confuciano, tecnocrazia e meritocrazia. Ma non pretendeva di darci lezioni su come gestire le cose a casa nostra. Questo è cambiato, dapprima in modo impercettibile durante la crisi del 2008-2009, dalla quale la Cina si salvò (unica grande economia a schivare la recessione) manovrando le leve del suo dirigismo; poi con l'arrivo al potere di Xi Jinping, un leader che è convinto assertore della superiorità del suo sistema politico. Anche il linguaggio è cambiato. La Cina attuale non solo non accetta lezioni: le dà. Non ha pudore ad affermare che il suo assetto politico è più efficiente del nostro. Questo non prelude ancora a una guerra ideologica come quella Est-Ovest che infuriò dagli anni Quaranta al 1989. Non ci sono partiti «cinesi», quinte colonne dell'influenza di Pechino all'opera nelle democrazie occidentali. Però la nuova autostima proclamata da Xi, il complesso di superiorità che irradia verso il resto del mondo, fa già proseliti in altri paesi emergenti. E coincide con una fase in cui in tutto l'Occidente la fiducia nella democrazia è ai minimi.

Una postilla riguarda la dimensione etnico-razziale che può aggiungersi al clima da nuova guerra fredda. Negli Stati Uniti c'è chi ha già lanciato l'allarme per una presunta «caccia alle streghe» lanciata nelle università contro scienziati, ricercatori, borsisti e studenti di origine cinese. In realtà c'è stato un – modesto – giro di vite nella concessione di visti, nel timore che alcuni di questi visitatori siano il cavallo di Troia dell'attività spionistica cinese, sia nel furto di segreti industriali sia in campo militare. Non giova il fatto che il governo di Pechino abbia usato gli Istituti Confucio disseminati all'estero per controllare i propri studenti e ricercatori espatriati.

Parlare di caccia alle streghe è esagerato o quantomeno prematuro. Così come appaiono assurdi, spropositati, i paragoni con gli abusi che furono perpetrati durante la seconda guerra mondiale dall'amministrazione Roosevelt ai danni dei nippo-americani: deportati in campi di detenzione perché sospettati di essere una quinta colonna dell'imperatore Hirohito. Nulla di simile sta accadendo adesso, per fortuna. Perché si ripetano quelle tragedie del passato, dovrebbero cadere molti principi della liberaldemocrazia americana, molti contropoteri, come la magistratura, che vigilano sul rispetto della Costituzione. Proprio quei contropoteri che non esistono in Cina. Là una caccia alle streghe è sempre all'ordine del giorno: contro i dissidenti, o semplicemente per tenere alla larga visitatori stranieri che siano portatori di un pensiero critico. Questo non esclude che un elemento razziale possa introdursi in futuro nell'atmosfera di tensione geopolitica. La guerra fredda Usa-Urss fu un conflitto tra «popoli bianchi indoeuropei» e all'interno di due sistemi ideologici nati in Occidente: liberalismo e marxismo (inoltre il cristianesimo valicava la cortina di ferro, vedi la Chiesa polacca). Dagli han confuciani ci separano anche diversità etnico-culturali. Non è la prima volta che una civiltà asiatico-confuciana è in grado di battere una potenza occidentale: lo shock originario avvenne nel 1905, quando il Giappone sconfisse la Russia zarista, impero «bianco», un evento che sconcertò l'intero Occidente.

Un'altra stagione in cui riscoprimmo la sindrome del «pericolo giallo» furono gli anni Ottanta. Protagonista fu ancora il Giappone, che invadeva i nostri mercati di acciaio, automobili, elettronica; e si comprava pezzi di capitalismo americano, da Hollywood al Rockefeller Center di Manhattan. Ebbe successo allora una pubblicistica apocalittica che denunciava l'invasione nipponica, talvolta usando toni razzisti. Poi il Giappone fu ridimensionato con un mix di misure protezioniste da Ronald Reagan. (C'era una differenza fondamentale con la Cina attuale, a parte le dimensioni: Tokyo è condizionata da un'alleanza militare con gli Stati Uniti da cui dipende la sua sicurezza.)

Oggi la società americana è molto diversa da quella degli anni Ottanta. Gli stereotipi etnici, quando sopravvivono, si sono aggiornati: basta guardare un film di Hollywood – per esempio *Crazy Rich Asian* del 2018, regista il sino-americano Jon Chu – per verificare la strepitosa rivincita del carattere cinese. Dai tempi di Bruce Lee e del kung fu a quelli dei miliardari o dei geni informatici, la strada percorsa è notevole. Nella vita di tutti i giorni in America è facile imbattersi in stereotipi positivi a vantaggio dei cinesi: a scuola si dà per scontato che debbano essere i primi della classe in matematica. Nei concorsi universitari fanno incetta di borse di studio. Siamo lontani anni luce dal Chinese Exclusion Act, la famigerata legge del 1882 che chiuse le frontiere agli immigranti asiatici (dopo averne importati decine di migliaia nel 1848 per costruire la ferrovia transcontinentale da San Francisco a New York). Oggi semmai siamo quasi al rischio opposto: sull'altro versante del Pacifico c'è una nazione han dalla cultura monoetnica, con un forte complesso di superiorità non solo verso le proprie minoranze ma anche verso i «bianchi». Qualche analogia con la storia americana c'è anche qui. Nel periodo ascendente della propria traiettoria, gli Stati Uniti abbracciarono teorie come la «Manifest Destiny», con cui si attribuivano un mandato divino, una missione civilizzatrice, una predestinazione al ruolo di conquistatori del Far West. Il tema del «mandato celeste» è una costante nella visione confuciana degli imperatori cinesi.

Torno alla «trappola di Tucidide», e al progetto di ricerca che Allison ha guidato all'università di Harvard, per estrarne i rari casi di rivalità benigne, quelle che si sono risolte senza guerra. Sono l'eccezione, non la regola. Un paio di questi casi m'interessano particolarmente. Il più vicino a noi, già ricordato, è il passaggio di consegne dall'impero britannico all'egemonia imperiale postmoderna degli Stati Uniti. Non fu proprio indolore perché scontri ce ne furono: per esempio nel 1956, quando il presidente americano Dwight Eisenhower minacciò di affondare la sterlina per punire Londra dell'attacco militare contro l'Egitto a Suez. Mai però le due nazioni si sono combattute nella fase del trapasso imperiale, anzi, per certi aspetti la transizione dalla Pax Britannica alla Pax Americana venne concordata. Il Regno Unito alla fine della seconda guerra mondiale era in bancarotta; trasferire basi militari agli americani era inevitabile, quasi un sollievo, paragonabile al sentimento di un nobile decaduto che trova un ricco borghese disposto a comprare i suoi castelli in rovina e a sanargli i debiti. Questa eccezione felice rispetto al modello Sparta-Atene avvenne però in un contesto più unico che raro: due potenze legate da forti legami di parentela, consanguinee, l'una ex colonia dell'altra, con la stessa lingua, un comune sistema di valori liberaldemocratico, una cultura fatta degli stessi classici, con le università americane originariamente copiate sul modello britannico; e il forte senso di gratitudine inglese verso la potenza che aveva fermato Hitler.

Un altro precedente storico interessante è più antico, si tratta della competizione tra l'impero spagnolo e quello portoghese alla fine del XV secolo. Per gran parte del Quattrocento i portoghesi erano stati all'avanguardia nelle esplorazioni navali e nelle conquiste coloniali. Dopo la riunificazione dei regni di Castiglia e di Aragona con il matrimonio di Isabella e Ferdinando nel 1469, e dopo la riconquista dell'Andalusia dagli invasori islamici, la nuova Spagna rafforzò la sua espansione oltremare e si scontrò con l'impero portoghese. Quella rivalità poteva finire molto male, in un classico *remake* di Sparta-Atene. Invece si arrivò a una spartizione del mondo in aree di influenza, con la mediazione decisiva del papato di Roma. Anche in questo caso, come per l'esempio angloamericano, la conclusione felice della rivalità lusitano-iberica fu propiziata dall'appartenenza alla stessa civiltà cristiana.

I valori contano, anche nel mondo spietato della geopolitica. Oggi siamo di fronte a una superpotenza sfidante che non è soltanto nazionalista nel senso europeo di questo termine, ma si autodefinisce Stato-civiltà prima ancora che Stato-nazione. La Cina, dopo aver subito processi devastanti di omologazione all'Occidente (nell'economia, nello stile di vita, nei costumi sessuali, nell'urbanistica), sta ricostruendo un pezzo alla volta la complessa eredità del suo passato. La sua civiltà era stata, per migliaia di anni, la più lontana e la più diversa possibile dall'Occidente.

II

La meritocrazia batte la democrazia?

Quando ero corrispondente a Pechino dal 2004 al 2009, rimasi impressionato dalla composizione dei governi cinesi. Tra i ministri abbondavano i plurilaureati, soprattutto in ingegneria, altre materie scientifiche o economia e commercio. C'erano anche ministri che erano stati top manager aziendali, incluso un ex dirigente del gruppo tedesco Audi. Molti di loro avevano compiuto studi all'estero. La percentuale di Ph.D. (dottorati di ricerca) era superiore a qualsiasi governo occidentale. Il livello di competenza non era casuale, bensì frutto di una selezione voluta e sistematica.

Ma la meritocrazia cinese non si fonda solo sui titoli di studio: come sappiamo, non è detto che un eccellente professore sia bravo anche a governare, né che un manager del settore privato sia efficace come ministro. Perciò, oltre ai titoli accademici e all'esperienza professionale la selezione dei governanti a Pechino guarda ai loro risultati: di solito sono stati messi alla prova nei gradini inferiori del potere, come sindaci di città (molti centri urbani cinesi hanno la popolazione di medie nazioni europee: più di 20 milioni ciascuna Pechino e Shanghai; oltre 30 milioni Chongqing) o governatori di province (il Guangdong ha più abitanti della Germania). Arrivano ai vertici nazionali dopo avere dimostrato quel che sanno fare nelle amministrazioni locali.

Un'altra faccia della meritocrazia cinese mi colpì osservando la loro capacità di invertire la fuga dei cervelli. In partenza, la Repubblica popolare aveva un problema analogo all'Italia: soprattutto all'inizio del suo boom economico, quando ancora il divario con gli stipendi americani era enorme, l'élite dei suoi talenti era attratta dalle grandi università degli Stati Uniti, dove, una volta conseguita la laurea, avevano incentivi a rimanere, viste le opportunità offerte dalla Silicon Valley californiana, dai centri di ricerca dei grandi atenei, dalle multinazionali.

Li attirava in America anche la cultura imprenditoriale, la facilità a mettersi in proprio, a trasformare un'invenzione in impresa: proprio come accade ai «cervelli» italiani in fuga, giovani e meno giovani. Ma a differenza dell'Italia, la Cina in seguito è riuscita a farne rientrare molti. I flussi di ritorno dei talenti cinesi sono notevoli. Pechino è riuscita dove l'Italia ha fallito. Anzitutto ha fatto «ponti d'oro» dal punto di vista economico, offrendo a chi rientrava stipendi sempre più competitivi e anche abbondanti fondi per la ricerca. Ma non solo. La cosa che mi colpì di più – era già evidente nei miei anni di vita cinese – fu la capacità di Pechino di offrire ai talenti della diaspora non soltanto denaro ma anche potere. Gli espatriati che avevano avuto successo nel mondo accademico americano si vedevano proporre posti di comando alla guida di interi dipartimenti universitari e centri di ricerca. Questo è l'esatto contrario di quanto avviene di solito in Italia, dove certi baroni universitari invidiano chi ha avuto successo all'estero e si adoperano per sabotarne il rientro, oppure tengono i «cervelli» rimpatriati ai margini del sistema, senza concedergli ruoli dirigenziali.

Il caso cinese è stupefacente, perché anche nel campo scientifico contraddice uno dei nostri pregiudizi. Pensiamo a priori che un sistema politico autoritario debba diffidare di chi si è formato in Occidente; che preferisca tenere in posizioni di comando solo chi è sempre stato sottomesso e obbediente ai palazzi della politica, sotto lo sguardo vigile dei capi. Sorpresa: la meritocrazia cinese è molto più flessibile e coraggiosa nel cooptare ai vertici chi si è formato allargando i propri orizzonti all'estero.

Sono segnali che forse ci costringono a rivedere i nostri stereotipi. Siamo sicuri di avere le idee chiare su cos'è esattamente il sistema di governo cinese? O sullo stato della competizione fra quel regime autoritario e le nostre democrazie? Siamo certi che il futuro appartenga ai sistemi politici fondati sul pluralismo dei partiti e sulle elezioni a suffragio universale? E se sì, lo siamo per principio, perché questo ci dettano i nostri valori, o perché la democrazia ci convince con i suoi risultati? Tante domande. Le risposte si fanno sempre più complesse. Forse fino alla grande crisi economica del 2008 avevamo maggiori certezze sulla nostra superiorità politica e sulla validità universale dei nostri valori. Oggi il bilancio della sfida è più ambiguo, visti i risultati concreti del modello cinese e vista la crisi di fiducia che affligge l'Occidente.

Per settant'anni, dal 1949 a oggi, il regime di Pechino non ha mai smesso di definirsi comunista. Questi settant'anni, però, non sono segnati dalla continuità. Vanno divisi in più periodi. Sicuramente, una cesura netta è rappresentata dalla morte di Mao (1976), perché poco dopo il suo successore Deng Xiaoping affossa il comunismo ferocemente egualitario, rinnega gli esperimenti radicali come la Rivoluzione culturale delle Guardie rosse, inaugura le riforme economiche, guida la transizione verso l'economia di mercato. Dal 1979 in poi è un graduale aprirsi, non solo alla proprietà privata e agli investimenti stranieri, ma anche alla possibilità di viaggiare, alla circolazione di mode e consumi occidentali, a nuovi stili di vita, alla rivoluzione sessuale e a tanti altri cambiamenti di costumi.

Un altro snodo nella storia politica del paese è il tragico

1989, la rivolta democratica, la repressione militare, il massacro di piazza Tienanmen. La lezione che ne trae il gruppo dirigente, dal quale Deng ha epurato i riformisti democratici, è duplice. Da una parte c'è il rifiuto netto di inseguire Michail Gorbaciov nella liberalizzazione politica che porterà alla fine dell'Urss; dall'altra c'è una spinta ad accelerare ancor più la modernizzazione economica. Per evitare altre rivolte dopo Tienanmen, non basta la repressione, bisogna dare più benessere e più libertà materiali. Un corollario è la cooptazione nel Partito comunista della nuova élite: giovani laureati, ceti medioalti urbani, professionisti, imprenditori, una base sociale da cui estrarre una tecnocrazia efficiente. Riscoprendo anche quella tradizione imperiale che aveva suscitato l'ammirazione di... Voltaire: un'amministrazione pubblica selezionata in base a severi esami e concorsi (prima della Rivoluzione francese, le cariche pubbliche nell'Ancien Régime erano ereditarie o vendute al miglior offerente).

L'ultima data che forse dovremo aggiungere come altro punto di svolta è il 2012, perché segna l'avvento al potere di Xi Jinping. È un leader di tipo nuovo, precursore del nostro sovranismo e anche del nostro populismo. Xi fomenta in modo sistematico il nazionalismo dei suoi concittadini; inoltre si è creato una base di consenso lanciando la campagna contro la corruzione. Mentre fa finire in galera, o addirittura condannare a morte, alti dirigenti di partito che hanno rubato, Xi concentra su di sé poteri eccezionali e cancella dalla Costituzione i limiti temporali al suo mandato.

Del comunismo questa Cina ha abbandonato molti principi. Ha società quotate in Borsa che rivaleggiano per capitalizzazione con i colossi americani, e miliardari che figurano nella top ten mondiale; le diseguaglianze sono ormai paragonabili a quelle di altre nazioni capitalistiche. Resta un'eccezione importante, una continuità mai rinnegata dai tempi di Mao: il potere assoluto del Partito comunista.

Il suo sistema di valori sta evolvendo in modo evidente da anni, con il recupero della tradizione confuciana. Ma Kung Fu Ze o Maestro Kung (Confucio è il nome latinizzato), vissuto dal 551 al 479 a.C., ha lasciato un insegnamento complesso, che è stato reinterpretato più volte. Le molteplici stagioni e varianti del confucianesimo hanno accompagnato l'evoluzione delle diverse dinastie imperiali. Anche le civiltà giapponese, coreana e vietnamita sono state segnate dal pensiero di Confucio. La versione che piace ai leader cinesi di oggi è l'ultima interpretazione paternalistico-autoritaria che ne diede nel XX secolo Lee Kuan Yew, il fondatore della moderna città-Stato di Singapore. Tra gli aspetti dell'eredità confuciana su cui il modello Singapore è fondato c'è la meritocrazia: collegandosi all'antica tradizione degli esami con cui si accedeva alle alte sfere del mandarinato, cioè la burocrazia dell'Impero Celeste, Lee Kuan Yew volle affidare la città a una classe dirigente selezionata non dagli elettori ma in base alla competenza. I risultati sono stati spettacolari. Singapore, che alla fine degli anni Cinquanta era un buco nero di miseria del Terzo Mondo, oggi è una tecnopoli opulenta, una delle città più moderne, efficienti e ricche del pianeta.

La Cina non si può paragonare a quel micro-modello, avendo 1,4 miliardi di abitanti. Però anche la sua classe dirigente, adattando alcune ricette di Singapore, ha ottenuto risultati fenomenali: in un quarto di secolo ha sollevato dalla miseria 750 milioni di persone, un miglioramento di benessere che non ha precedenti nella storia dell'umanità. E lo ha fatto con un regime che ancora stentiamo a definire. Termini come «comunista», ma anche «dittatoriale», sono inadeguati: vanno bene per la Corea del Nord, non per il governo cinese, che consente ai propri cittadini di viaggiare liberamente all'estero, di studiare nelle università americane, di scegliersi il lavoro che vogliono, di arricchirsi. Autoritario lo è di certo, visto che i suoi dirigenti non vengono eletti dal popolo e maneggiano con determinazione gli strumenti della censura di Stato o della repressione poliziesca. C'è però un limite anche all'autoritarismo, poiché è evidente che il regime vuole assicurarsi un consenso di massa, che non viene da un mandato elettorale, bensì dalla performance, dai risultati dell'azione di governo.

I politici cinesi sono giudicati implicitamente dai propri pari, sulla base dei benefici che offrono alla popolazione: lavoro, reddito, sicurezza, istruzione, salute. In quanto all'autoritarismo, anch'esso viene giustificato in modo esplicito attingendo alla visione confuciana. Semplificando il pensiero del Maestro, il sovrano è come un buon padre di famiglia le cui responsabilità sono estese all'intera nazione e che dunque deve curarsi del benessere di tutti i membri della sua comunità. Questi ultimi, però, hanno doveri di obbedienza; devono anteporre l'armonia, l'interesse collettivo e la stabilità ai diritti individuali. C'è un'etica del sovrano, molto esigente in termini di onestà e abnegazione, dedizione all'interesse generale; e c'è un'etica dei governati, che hanno tanti doveri, prima di avere dei diritti. Confuciano-paternalista-autoritario-meritocratico è forse la lunga definizione che meglio descrive questo regime. E ci costringe a rimettere in discussione alcune delle nostre certezze.

L'Occidente vive una profonda crisi d'identità, una caduta di autostima. Le liberaldemocrazie hanno perso la fiducia di ampi strati della popolazione; forse solo negli anni Venti e Trenta del secolo scorso ci furono correnti antidemocratiche così forti in mezzo a noi. Un momento chiave di questa perdita di fiducia è stata la grande crisi del 2008-2009, acceleratore drammatico di processi degenerativi già in atto da decenni: l'aumento spaventoso delle diseguaglianze, l'impoverimento delle classi lavoratrici, la finanziarizzazione dell'economia, l'arroganza e l'avidità delle oligarchie del denaro, l'immoralità di troppi politici. Tutto questo avveniva mentre al timone delle liberaldemocrazie c'erano classi dirigenti «tradizionali»: regolarmente elette dai cittadini, talvolta anche selezionate in base a competenze tecnocratiche.

Non si può dimenticare infatti il ruolo avuto dagli «esperti», economisti e banchieri centrali in testa, incapaci di avvistare e prevenire la crisi del 2008, corresponsabili nel crearne le cause. Oppure di quei tecnocrati che hanno imposto all'Eurozona i parametri inflessibili del patto di stabilità, infliggendole un decennio di stagnazione. Allo shock del 2008-2009 alcune comunità di cittadini-elettori hanno reagito portando al potere l'opposto dei tecnocrati: abbiamo così le nuove classi dirigenti populiste (Donald Trump, Boris Johnson, il Movimento 5 Stelle) che dichiarano apertamente il loro disprezzo per i tradizionali esperti. Ma in termini di risultati dell'azione di governo, le cose non sembrano migliorate. E così permane o si accentua la sfiducia nella capacità della democrazia di selezionare buoni governi.

Una constatazione s'impone. Anche in America e in quei paesi d'Europa dove le tradizioni liberaldemocratiche sono più antiche, molti cittadini vi aderiscono non tanto per profonde convinzioni valoriali, ma solo nella misura in cui quei sistemi politici sono in grado di fornire risultati. Il periodo di maggiore consenso verso la democrazia coincise con i «trent'anni gloriosi» seguiti alla seconda guerra mondiale: quando il boom della ricostruzione generò lavoro e benessere crescente, consentì il finanziamento del Welfare, la scolarizzazione di massa e il miglioramento delle cure mediche, in un contesto di solidarietà e redistribuzione che manteneva le diseguaglianze entro limiti accettabili.

Siamo convinti democratici finché la democrazia non ci tradisce. Dal momento in cui essa ha smesso di essere sinonimo di piena occupazione, di aspettative crescenti, di ordine e sicurezza e benessere, ecco che si sono aperte ampie falle nel consenso popolare. È normale che sia così. Non ci s'innamora di un sistema politico solo perché corrisponde a un ideale astratto descritto nella nostra Costituzione o nei libri di Montesquieu e Tocqueville. Se quel sistema produce classi dirigenti inette e disoneste, siamo assaliti dai dubbi sulla sua validità.

È in questo contesto che nel 2015 arriva come una «bomba» il libro di uno studioso canadese che teorizza la validità del sistema cinese. Il volume, ora disponibile in italiano (*Il modello Cina. Meritocrazia politica e limiti della democrazia*, Luiss University Press, 2019), è un saggio scomodo, che ha suscitato controversie, soprattutto negli Stati Uniti dove qualcuno lo ha accusato di apologia del regime autoritario di Xi. L'autore è Daniel A. Bell, docente in Cina alla Shandong University. La sua opera parte dalla conoscenza approfondita della storia cinese e del pensiero confuciano, cosa rara tra gli occidentali. È un invito all'umiltà, per chiunque sia convinto della superiorità dei nostri sistemi politici. Scrive Bell:

> La pratica di scegliere i principali leader di un paese attraverso elezioni competitive libere ed eque ha una storia relativamente breve (meno di un secolo in quasi tutti i paesi, rispetto a – per fare un esempio – i milletrecento anni del sistema degli esami imperiali in Cina). Come ogni altro sistema politico, ha vantaggi e svantaggi, e sembra troppo presto affermare che sia il migliore sistema di tutti i tempi. In modo più sostanziale, sembra peculiare assumere una posizione quasi dogmatica in favore di un sistema che non richiede ai propri leader esperienza e competenza. Ci sono molti modi di esercitare il potere – sul posto di lavoro, nelle scuole, negli ospedali, nelle carceri, e così via – e in quegli ambiti l'assunto naturale è che sia necessaria l'esperienza prima che i leader esercitino il potere. Nessuna azienda o università sceglierebbe un leader senza una sostanziale esperienza di leadership di qualche sorta, preferibilmente nello stesso campo. Eppure il potere politico costituisce

un'eccezione: è accettabile scegliere un leader che non ha precedente esperienza politica, purché scelto con il meccanismo *una testa - un voto.*

Bell non disprezza le idee fondanti della democrazia liberale, ammette che l'avere uguale diritto a partecipare alla politica nazionale è stato considerato in Occidente «una chiave della dignità umana». Riconosce che «il voto è un rito collettivo che produce e rafforza un senso di solidarietà civica; quando votiamo ci sentiamo parte di una comunità». Viene in mente, a chi vive in America come me, la grande battaglia dei neri negli anni Sessanta per sconfiggere quegli Stati del Sud che si prendevano una rivincita sulla guerra civile negando il diritto di voto ai discendenti degli schiavi. La vittoria del movimento per i diritti civili guidato da Martin Luther King fu vissuta giustamente come una conquista di civiltà. Negare il voto agli afroamericani era stato un modo per sminuire la loro umanità.

E tuttavia questo valore unificante del diritto di voto si è affievolito: negli Stati Uniti, in Europa, in India, le democrazie negli ultimi anni non riescono più a creare un senso di solidarietà civica. Al contrario, il voto popolare esalta le divisioni, fino ad arrivare a polarizzazioni estreme, laceranti. Mettere una scheda nell'urna spesso non viene più vissuto come un rito civile che ci rende partecipi della stessa nazione, bensì come un atto di guerra contro i nostri nemici, che non la pensano come noi. Nelle ultime stagioni elettorali la tendenza è dividersi in tribù ideologiche ostili, che si delegittimano a vicenda. Infine c'è l'alto astensionismo, molti si chiamano fuori, pensano che votare sia inutile.

Di sicuro l'aureola filosofica dei padri spirituali alla Montesquieu e Tocqueville non serve a «vendere» la democrazia elettorale e pluripartitica ai cinesi. Come spiega Bell, «i sondaggi politici rilevano che i cittadini di società dell'Asia orientale comprendono tipicamente la democrazia in termini sostanziali più che procedurali: vale a dire, tendono a stimare la democrazia per le conseguenze positive a cui conduce piuttosto che stimare le procedure democratiche in sé». In questo senso la performance della Cina, che si è salvata dalla recessione nel 2008-2009, mentre Europa e America sprofondavano in una crisi grave, sembra un verdetto chiaro: Pechino è stata governata meglio di Washington, Londra, Berlino o Parigi. Bell prende anche in considerazione altri studiosi occidentali critici verso la democrazia, per esempio l'economista Paul Collier (autore di *L'ultimo miliardo*, Laterza, 2009) il quale ha dimostrato come la democrazia partitica esportata in paesi poveri e con divisioni etniche tenda ad aumentare la violenza. Xi Jinping ha trasmesso questo messaggio in modo subliminale ai suoi cittadini, quando ha dato grande visibilità sui media di Stato alla campagna elettorale americana del 2016: la rissa sguaiata fra Donald Trump e Hillary Clinton forse gli sembrava di per sé infamante per la reputazione della democrazia americana.

Il saggio di Bell è stato visto da alcuni come un attacco all'Occidente, in una fase già difficile: il numero di democrazie nel mondo regredisce (dopo il periodo di espansione tra gli anni Settanta e la caduta del Muro di Berlino); in America e in Europa gli elettori danno crescenti segnali di assenteismo oppure disprezzano i propri governi; nei regimi autocratici c'è chi teorizza il nostro declino, come Vladimir Putin. Bell non vuole a tutti i costi convincerci della superiorità del modello cinese, però confuta alcuni nostri stereotipi con queste quattro affermazioni: «1) per una comunità politica è un bene essere governati da leader di elevata qualità; 2) il sistema politico della Cina a un solo partito di governo non sta per crollare; 3) l'aspetto meritocratico del sistema è parzialmente buono; 4) può essere migliorato». C'è di che riflettere, anche se le vicende di Hong Kong insinuano dei dubbi sulla capacità dei tecnocrati cinesi di prevedere e governare le crisi quando esulano dalla sfera puramente economica.

Il merito di Bell è anche quello di spiegarci nei dettagli come funziona esattamente la selezione delle classi dirigenti in Cina. Nel bene e nel male. Non si può dire che la Repubblica popolare sia una meritocrazia «pura». È evidente che per arrivare ai vertici bisogna esservi cooptati da chi c'è già. Gli esami da passare riguardano prima di tutto la fedeltà al partito. All'interno del Pcc vi sono delle correnti, anche se non dichiarate; vi comandano dei clan, delle cordate. Però questi sistemi, pur tipici di un partito unico che ha il monopolio del potere, non hanno generato una classe dirigente sclerotizzata, incapace e fallimentare come quella dell'Unione Sovietica negli anni da Brežnev a Černenko. In quanto alla corruzione: esiste, ma non è così pervasiva e vorace da uccidere lo sviluppo, a differenza di quanto accade per esempio in tanti paesi africani o dell'America latina. I leader cinesi che rubano, non rubano così tanto da impedire la modernizzazione e il dinamismo economico. La meritocrazia, dunque, funziona perché per fare carriera nel Pcc, oltre ai tradizionali criteri di fedeltà ai vertici, a questo o quel clan di potere, valgono dei criteri di efficienza e di competenza.

Come viene misurata questa efficienza? In una democrazia occidentale ci fidiamo che sia la saggezza degli elettori a farlo: abbiamo il diritto di cacciare via dopo quattro o cinque anni un partito o un presidente che ci hanno delusi; di conseguenza questa sanzione dovrebbe servirci a selezionare dei dirigenti capaci. Purtroppo non è così. Ultimamente alcune delle più antiche democrazie occidentali non riescono a farlo. La Cina quali criteri ha usato? In passato, quando un leader in ascesa veniva mandato a fare il sindaco di una grande città o il governatore di una regione (i cinesi le chiamano province), i parametri di misura erano la crescita del prodotto interno lordo, dei redditi, dei posti di lavoro. Se alla fine del proprio mandato il leader esibiva dei buoni risultati economici nella sua zona, con ogni probabilità veniva promosso a un livello superiore. Un difetto di questo criterio sta nell'usare solo una misura quantitativa dello sviluppo economico. In effetti, la Cina è cresciuta impetuosamente, però ha trascurato alcuni problemi: il saccheggio di risorse ambientali per primo. Altro rischio concreto è che gli amministratori locali, per fare bella figura con Pechino, inseguano una crescita a tutti i costi, finanziando «cattedrali nel deserto», infrastrutture inutili, immensi complessi residenziali che rimangono disabitati, il tutto a carico del debito pubblico. È successo anche questo. Il boom cinese ha molti risvolti oscuri, prezzi nascosti, che verranno a galla col tempo. Non bisogna credere tuttavia che i dirigenti siano stati selezionati e promossi solo in base al Pil della loro area di competenza.

Dal 1979 a oggi in Cina sono migliorate tante cose, oltre al tenore di vita materiale: la qualità dell'insegnamento, la salute, la longevità. La condizione femminile ha fatto progressi: l'attuale livello di emancipazione e di diritti della donna in Cina è mediamente superiore a quello raggiunto nella democrazia indiana. Tutto questo è avvenuto senza l'instabilità delle democrazie; e all'interno di una cornice di ordine, con bassi livelli di criminalità. Peraltro, negli anni più recenti la leadership cinese ha cercato di modificare i criteri di selezione dei futuri dirigenti: per esempio, nel valutare la performance degli amministratori locali sono stati aggiunti anche parametri di sostenibilità ambientale e di riduzione dell'inquinamento. Si usano sempre più spesso i sondaggi per misurare lo stato d'animo della popolazione, quindi, anche se i cinesi non votano, il loro parere sui governanti viene in qualche modo registrato. A livello periferico sono stati perfino introdotti esperimenti di elezione: non con partiti diversi in competizione, ma con candidati diversi nello stesso Partito comunista.

La Repubblica popolare non è l'unico caso di una modernizzazione gestita con successo da un sistema politico autoritario. In Estremo Oriente, oltre a Singapore anche la Corea del Sud e Taiwan ebbero i loro «miracoli» economici in un'epoca in cui erano dittature: di destra. Il Vietnam di oggi è una variante «comunista» che tenta di replicare il modello cinese.

Alcune obiezioni tradizionali al modello autoritario sono famose. Tra le più importanti c'è quella di Amartya Sen, premio Nobel dell'Economia nonché filosofo umanista di origine indiana e docente a Harvard, negli Stati Uniti. Sen ha messo a confronto la democrazia elettorale del suo paese natale con la Cina comunista. Ha sottolineato che l'India anche quando era poverissima riuscì a evitare carestie di massa delle dimensioni di quella provocata da Mao con il suo scellerato Grande Balzo in Avanti, la politica d'industrializzazione forzata che provocò un crollo dei raccolti agricoli. Alcune stime valutano in 30 milioni il numero di cinesi morti tra il 1958 e il 1961, come conseguenza del Grande Balzo maoista. Sen osserva che in un sistema dove i cittadini possono cacciare i governanti attraverso libere elezioni, errori e crimini di quella gravità vengono evitati oppure corretti più rapidamente che in un sistema a partito unico con poteri assoluti. Sono gli anticorpi e le difese immunitarie di una democrazia. La sua diagnosi rimane vera, ma non si applica necessariamente alla Cina che conosciamo oggi: dal 1989 in poi, neppure il Pcc ha più commesso errori di quella gravità. Anzi, in termini di sviluppo negli ultimi trent'anni la Cina ha battuto l'India; e la sta superando anche nella lotta all'inquinamento, più di recente.

C'è un'altra tesi con cui noi occidentali ci siamo rassicurati sulla superiorità del nostro sistema democratico (mi ci metto anch'io, perché troverete tracce di questi argomenti nei miei libri *Il secolo cinese* e *L'impero di Cindia*). È la teoria chiamata «trappola del reddito medio». La riassumo così. Un sistema autoritario che ha dato buoni risultati nel traghettare un paese sottosviluppato verso il benessere si scontra con gravi difficoltà una volta che raggiunge un livello di «medio reddito». Cioè un reddito pro capite situato a metà strada tra i vecchi paesi ricchi – come America, Europa, Giappone – e i paesi emergenti. Il decollo iniziale è tipico di una fase in cui il paese emergente conta una maggioranza di contadini, manodopera a bassa produttività che si trasferisce in città con l'industrializzazione, e lasciando i campi per lavorare nelle fabbriche genera un potente aumento di produttività. Poi quella fase si esaurisce; sopraggiunge uno stadio maturo dello sviluppo, in cui tipicamente il ritmo della crescita si abbassa. (È naturale, è accaduto già nei modelli asiatici vicini: Giappone, Corea del Sud.) A questo rallentamento si associa l'invecchiamento demografico, che oggi in Cina si sta verificando a gran velocità. Una popolazione che invecchia è a sua volta causa di un abbassamento della performance economica.

Una volta raggiunto quel traguardo a metà strada, affiorano tanti problemi nuovi. I cittadini non si accontentano più della crescita economica, cominciano a chiedere qualità della vita, quindi nuovi diritti e tutele. Vogliono garanzie sull'aria che respirano, l'acqua che bevono, gli alimenti che consumano. Vogliono essere consultati prima che gli si costruisca una centrale nucleare o una ferrovia ad alta velocità dietro casa. Vogliono un Welfare equo. Inoltre, più hanno studiato più si fanno contagiare da idee che circolano sui media e su Internet. Si chiedono perché non possono avere le stesse libertà e gli stessi diritti di altri: per esempio di noi occidentali, che abbiamo il potere di cacciare i governanti. Insomma, quello stesso regime autoritario che aveva gestito bene il decollo dalla miseria all'industrializzazione diventa troppo rigido per rispondere alle domande nuove dei cittadini.

A queste argomentazioni pro democrazia si può aggiungere, ciliegina sulla torta, il teorema della Silicon Valley. È l'idea che la libertà di espressione sia essenziale per nutrire l'innovazione tecnologica: i geni creativi sono dei ribelli, uno come Steve Jobs veniva da una cultura hippy, trasgressiva e disobbediente alle regole. Un sistema autoritario alla lunga perde la competizione con una nazione democratica perché non offre le condizioni per un'economia altrettanto dinamica e innovativa. Tutto questo insieme di obiezioni fa parte della nostra cultura da tanti anni. Ricordo che quando andai a vivere in California (nel 2000) Bill Clinton e Bill Gates all'unisono lanciavano la stessa profezia: «Internet porterà inevitabilmente la democrazia in Cina». Sono passati vent'anni e l'aspettiamo ancora. (Nel frattempo, forse Internet ha creato un po' di problemi alla nostra, di democrazia.)

Nello stesso periodo, al passaggio del millennio, dal mio osservatorio di San Francisco cominciai a compiere delle puntate regolari sulla sponda opposta del Pacifico. Mi accadde di accompagnare una delegazione americana durante i negoziati per l'accesso della Cina al Wto. Ricordo nitidamente che già allora, anno 2000, c'era una ricca pubblicistica americana che prevedeva la fine imminente del miracolo economico cinese, travolto dai debiti o dal dissesto ambientale o da qualche altra crisi. Anche quella profezia da vent'anni tarda ad avverarsi. Nel frattempo lo stesso «teorema della Silicon Valley» scricchiola, perché i cinesi non si limitano a copiare, sono diventati capaci di innovare autonomamente. La profezia del loro tracollo è sempre in tempo a rivelarsi giusta, sia chiaro. Il calendario della storia è pieno di sorprese, le crisi non avvengono mai quando ce le aspettiamo noi. I sistemi autoritari, per effetto della loro opacità, talvolta riescono a tenere nascosti fino all'ultimo i sintomi precursori di un collasso. Però, forse dovremmo cominciare a chiederci se per caso non siamo noi a usare dei criteri sbagliati.

Vista l'originalità della provocazione di Daniel Bell, ho parlato direttamente con lui del «modello Cina». Ho preso spunto da una frase di Vladimir Putin. In un'intervista rilasciata al «Financial Times» alla vigilia del G20 di Osaka (giugno 2019), il presidente russo ha detto che le liberaldemocrazie occidentali sono condannate, perché non forniscono quei risultati che la maggioranza dei loro cittadini desidera. Questa critica sarebbe assai più credibile se venisse da Xi Jinping. Il governo cinese ottiene – da tempo – risultati assai superiori a quello russo.

A Daniel Bell ho chiesto proprio questo. Ecco le sue risposte, nell'intervista che abbiamo condotto a distanza mentre lui viaggiava tra la Cina e il Canada, nell'estate 2019.

Perché Xi non è altrettanto aggressivo del suo omologo russo, nell'attaccare le idee prevalenti fra le élite occidentali?

«A differenza di Putin, Xi non sente una minaccia politica diretta dall'Occidente e quindi non cerca di indebolire il sistema politico delle nazioni occidentali. Inoltre Xi riconosce che diversi sistemi politici sono adatti a seconda dei paesi rispettivi, in base alle dimensioni delle nazioni, alla loro cultura, alle specifiche condizioni nazionali. La visione di Xi è condivisa ampiamente da intellettuali e riformisti cinesi. Non significa negare che ci sono valori politici universali come il diritto alla vita, la protezione contro la tortura, contro il genocidio, contro lo schiavismo; o che ci sono problemi globali per i quali necessitano soluzioni globali, come il cambiamento climatico o le armi nucleari. Ma dovremmo ammettere la possibilità che paesi diversi usino meccanismi diversi per selezionare e promuovere i loro governanti. Le nazioni occidentali con una lunga storia di democrazia liberale possono usare le elezioni per scegliersi i leader; la Cina con la sua lunga storia di meritocrazia politica può usare meccanismi meritocratici per selezionare e promuovere i suoi leader. Le democrazie occidentali dovrebbero migliorare in quanto a coerenza coi valori liberaldemocratici che professano; le meritocrazie politiche dovrebbero migliorare in quanto alla loro aderenza ai valori meritocratici. Queste sono opinioni diffuse in Cina. Perciò i leader cinesi non fanno il tifo per la caduta delle liberaldemocrazie, finché l'Occidente non interferisce sulle loro scelte.»

Nel suo libro «Il modello Cina» lei difende i sistemi di governo meritocratici, dove i leader vengono selezionati in base alla loro competenza. In molte democrazie occidentali – Stati Uniti, Regno Unito, Italia – delle maggioranze assolute o relative di elettori hanno voltato le spalle al concetto di meritocrazia, sfiduciando gli esperti, i tecnocrati. Chi ha eletto Donald Trump, Boris Johnson o Luigi Di Maio non sembra cercare la professionalità o l'esperienza. L'Occidente si sta muovendo nella direzione opposta rispetto al modello cinese?

«Si può parlare di un modello cinese solo in un contesto cinese o asiatico. Io lo collego all'ideale di una "meritocrazia vertical-democratica": dove la democrazia prevale ai livelli inferiori di governo, la meritocrazia prevale al vertice, e tra i due livelli possono esserci degli esperimenti. Non è necessariamente rilevante fuori dal contesto cinese. Detto questo, anche nelle liberaldemocrazie occidentali esistono elementi meritocratici e questi sono stati effettivamente indeboliti negli ultimi anni. Negli Stati Uniti, per esempio, il sistema del collegio elettorale aveva lo scopo di garantire contro leader incompetenti e immorali, ma quella garanzia non funziona più. In Europa, l'Unione europea fu concepita in modo da assicurare un governo meritocratico a livello centrale, ma quei meccanismi non funzionano più. E con l'ascesa del populismo negli anni più recenti ci sono ancora meno tutele per prevenire "il popolo" dallo scegliersi leader senza esperienza e senza un curriculum di scelte politiche competenti.»

Da quando «Il modello Cina» uscì nella sua prima edizione lei è stato subissato di critiche in Occidente. L'hanno quasi accusata di essere uno strumento della propaganda di Pechino.

«Il mio libro è la difesa di un ideale politico – la meritocrazia vertical-democratica – che io uso per valutare criticamente la realtà della Cina. Io dimostro che c'è un ampio divario tra quell'ideale e la realtà cinese. Per qualche ragione molti critici occidentali hanno creduto che io stessi difendendo la Cina così com'è, il suo status quo. Forse è colpa del titolo, parlare di un modello cinese può dare quell'impressione errata. In Cina però le mie intenzioni sono più chiare. E tanto per cominciare il titolo cinese è "Meritocrazia politica": si riferisce all'ideale, più che alla realtà. Per inciso, il mio editore cinese ha detto che in tutta la sua storia la censura non gli aveva mai imposto così tanti tagli come quelli inflitti al mio libro. Alla fine siamo riusciti a recuperare la maggior parte di quei tagli, per esempio sostituendo una citazione del "Wall Street Journal" con una fonte ufficiale cinese che sosteneva la stessa cosa. In ogni caso lo spirito critico del mio libro è chiaro senza dubbio ai lettori cinesi, i quali capiscono che io sto difendendo un modello ideale, non la loro realtà politica.»

Lei vive e lavora in Cina. Quanto è stato discusso il suo libro, incluse le parti più critiche? Quanto è aperto il dibattito politico tra la gente, dopo anni di «cura Xi Jinping»? Quanto è visibile ai suoi occhi l'irrigidimento della censura?

«Il mio libro è stato ampiamente recensito e dibattuto. La reazione è quasi diametralmente opposta rispetto a quella che ho sollevato in Occidente. Poiché io difendo un ideale sistema cinese in cui c'è democrazia ai livelli di governo locale, e meritocrazia nelle sfere più alte del governo centrale, la critica più diffusa in Occidente è che ci vorrebbe più democrazia ai vertici. Al contrario, tra i lettori cinesi la reazione più diffusa è la richiesta di maggiore meritocrazia in basso. Perché le elezioni nei villaggi spesso sono segnate dalla corruzione e i cittadini non ne ricavano benefici. Tuttavia ci sono alcuni riformisti liberali anche in Cina che mi criticano perché vorrebbero giudicare il loro sistema politico usando canoni tipicamente occidentali e non condividono i miei giudizi sulla meritocrazia vertical-democratica.»

Le proteste a Hong Kong sembrano dare torto a lei e ai sostenitori del modello cinese. Anzitutto, perché i cittadini di Hong Kong, pur essendo cinesi, quel modello non lo vogliono affatto. In secondo luogo, se i governanti di Pechino sono davvero così esperti e competenti, perché sono stati spiazzati dalla protesta? Perché non ne hanno visto maturare le cause?

«I leader politici nel mondo reale non possono prevedere il futuro, né prepararsi per tutti gli scenari. Quello che possono fare è imparare dai propri errori, e una meritocrazia funziona pienamente se i governanti sanno trarre lezioni dagli errori e dagli incidenti. Finora per fortuna i leader cinesi non hanno usato una repressione brutale – nello stile di piazza Tienanmen 1989 – nei confronti delle agitazioni di Hong Kong. All'epoca della precedente ondata di contestazione, il cosiddetto "movimento degli ombrelli" in favore della democrazia, i governanti lasciarono che gli studenti si stancassero e disturbassero il resto della cittadinanza, fino a quando le proteste si esaurirono da sole e pacificamente. Dobbiamo sperare che accada anche stavolta, benché le proteste quest'anno siano diventate più violente e possano rendere necessarie misure più energiche in futuro se la violenza continua. Se i leader cinesi hanno fatto un errore a Hong Kong, forse è stato quello di aver concesso troppa autonomia politica sotto la formula "una nazione, due sistemi". Se i leader cinesi avessero esercitato più pressioni per ottenere un'istruzione che insegni più storia e cultura cinese (ogni paese dà la priorità alla propria storia e cultura nella scuola, così si generano le identità politiche) e per dei meccanismi meritocratici che garantiscano a Hong Kong dei leader più competenti e saggi, molti problemi si sarebbero evitati. Ma per vedere un miglioramento di questo tipo dovremo probabilmente aspettare che scada la formula "una nazione, due sistemi", nell'anno 2047 [quello in cui scadrà l'accordo cinquantennale Pechino-Londra firmato nel 1997 all'epoca del ritorno di Hong Kong alla madrepatria, *NdA*].»

Come fa un sistema politico meritocratico a evitare di isolarsi dalle critiche dei suoi cittadini quando commette degli errori? Come scongiura la tentazione del «potere eterno»? Come fa a non trasformarsi in un'oligarchia che si autoperpetua, impedendo ai cittadini di eliminarla se ne sono scontenti?

«Io vedo gli svantaggi del sistema meritocratico, inclusi i rischi di abuso di potere e di fossilizzazione. Propongo dei metodi per evitare quei rischi, senza ricorrere all'elezione competitiva al vertice. Quando scrissi la prima edizione del mio libro il problema numero uno era l'abuso di potere a fini di guadagno, cioè la corruzione. Dopo di allora, le forti misure anticorruzione sono riuscite a ridurla in modo significativo. Tuttavia quella campagna anticorruzione ha colpito così tanti dirigenti governativi, che oggi non mancano gli avversari politici in cerca di rivalsa contro l'attuale governo. A sua volta questo ha reso l'attuale leadership più paranoica, e spiega una decisione come l'eliminazione di limiti temporali al mandato di Xi Jinping. Dunque siamo daccapo, alle prese col rischio che i leader non vogliano mollare il potere. Per fortuna esiste ancora un sistema di leadership collegiale che impedisce l'instaurarsi di una dittatura personale sullo stile di Mao.»

Sembra che il mondo stia avanzando inconsapevolmente verso un nuovo tipo di guerra fredda. Tutto è cominciato con un conflitto commerciale, poi tecnologico, e ora stiamo arrivando a uno scontro geo-economico frontale fra Stati Uniti e Cina. Lei cosa pensa dello scenario «trappola di Tucidide», spesso citato come ammonimento da Xi? C'entra anche uno scontro di civiltà, un conflitto valoriale, nel rendere quello scenario ineluttabile?

«Il problema grosso è questa America che sembra decisa a non concedere spazio a una potenza in ascesa come la Cina. Ma nessuna potenza può rimanere la "numero uno" economicamente, politicamente e culturalmente per sempre. La Cina può fare di più per rassicurare che non rappresenta una minaccia per gli Stati Uniti. Deve rafforzare e ribadire il messaggio che il suo sistema politico è adeguato alla Cina e non è fatto per essere esportato. Può anche fare di più per dimostrare che vuole cooperare con gli Stati Uniti per il bene comune, per fornire dei "beni pubblici globali": perché non offrire, per esempio, delle pattuglie navali comuni nella regione dell'Asia-Pacifico? Ma in fin dei conti le cose si calmeranno solo quando il popolo americano sceglierà un leader che sappia gestire realisticamente le aspettative, e fare appello ai lati migliori della natura umana.»

Queste tesi di Bell meritano attenzione. Io conservo una buona dose di scetticismo. Ho visto da vicino il lato più torvo, arrogante e prepotente del regime di Pechino. In altri libri come *L'ombra di Mao* ho raccontato le mie disavventure con la polizia cinese durante i reportage in Tibet e nello Xinjiang dove erano scoppiate rivolte etniche. Qui voglio ricordare invece la disavventura capitata al più grande giornale americano. È un castigo che arriva tra la fine del

2012 e l'inizio del 2013, e «punisce» il «New York Times» per aver osato indagare sulla ricchezza privata dei leader cinesi. A più riprese, per quattro mesi l'importante quotidiano è stato vittima di incursioni di cyberpirati, riconducibili al governo di Pechino.

Gli hacker cinesi hanno sistematicamente attaccato il «New York Times», penetrando nei suoi sistemi informatici, rubando le password dei suoi giornalisti e di altri dipendenti. La tempistica dei cyberattacchi coincide con la pubblicazione di diverse inchieste, iniziata il 25 ottobre 2012, sulla ricchezza accumulata dai familiari del premier cinese di allora, Wen Jiabao. Un patrimonio di oltre 2 miliardi di dollari, costruito praticamente dal nulla: Wen Jiabao è un funzionario governativo che non potrebbe disporre di mezzi così ingenti, ma ha piazzato familiari e amici ai vertici di aziende di Stato e istituzioni finanziarie semipubbliche. Sfruttando quelle posizioni, i familiari del primo ministro hanno compiuto operazioni che assomigliano molto all'insider trading, investimenti «oculati» grazie a informazioni riservate.

Gli esperti di sicurezza informatica a cui il «New York Times» ha chiesto assistenza hanno raccolto le prove sui metodi usati dagli hacker cinesi, simili a quelli impiegati dall'esercito di Pechino. (I militari cinesi hanno più volte orchestrato attacchi analoghi contro siti del Pentagono, del dipartimento di Stato e di altre agenzie governative Usa.) Nel corso delle incursioni è stato violato l'account di posta elettronica del corrispondente da Shanghai, David Barboza, che aveva firmato le inchieste sul patrimonio della famiglia Wen. Per dissimulare la provenienza degli attacchi, gli hacker cinesi sono «transitati» dai siti di alcune università americane, seguendo un metodo già utilizzato in passato per far perdere le proprie tracce. Oltre a Barboza, altri 53 dipendenti del «New York Times» hanno subito il furto delle proprie password e la violazione delle proprie email.

La vicenda è cominciata male ed è finita peggio: con l'oscuramento del sito del «New York Times», oggi inaccessibile nella sua versione cinese a chi non usi i (pericolosi) sistemi anticensura detti Vpn. Interessante, di questa vicenda, è la tempistica politica. Wen Jiabao era arrivato alla vigilia della pensione. Faceva parte della corrente del Pcc sconfitta dall'astro nascente, Xi. Quest'ultimo potrebbe essere stato – secondo alcune versioni – il regista occulto delle rivelazioni sulla fortuna della famiglia Wen. Prima ha usato il giornale americano per accelerare la disgrazia di un rivale. Poi ha «accecato» il «New York Times». Anche perché nel frattempo la caccia alle notizie sui ricchi comunisti aveva fatto proseliti. L'agenzia Reuters aveva cominciato a occuparsi proprio della famiglia di Xi. Oscurata anche lei. I leader di questa Cina sono indubbiamente capaci, hanno però un'allergia alla trasparenza che sembra denotare insicurezza.

Infine un altro piccolo ricordo personale dal mio viaggio a Pechino nel luglio 2019. Non c'è luogo migliore per osservare l'enigma cinese che una meravigliosa biblioteca pubblica appena inaugurata. Un'opera d'arte, e una metafora inquietante del modello cinese. Una delle nostre figlie adottive, Shanzha, ci ha raggiunti dal Sichuan e ha potuto fermarsi con noi per quattro giorni. Shanzha ha 23 anni, in inglese fa grandi progressi, ci godiamo delle lunghe conversazioni. Mia moglie ha organizzato insieme a lei una gita da Pechino a Tianjin. Grande città portuale con 16 milioni di abitanti, Tianjin la visitai quando ero corrispondente in Cina per scoprire un'attrazione particolare: il quartiere italiano, perfettamente riconoscibile per lo stile Art Déco del primo Novecento. Reliquia di quel periodo dall'inizio secolo alla fine della seconda guerra mondiale in cui comandavamo noi in quella città.

Stavolta la nostra mèta a Tianjin era un'opera pubblica nuovissima, di cui mia moglie Stefania aveva letto meraviglie: la Biblioteca comunale, un gioiello di design d'avanguardia, opera dello studio olandese Mvrdv. La Binhai Library è il nucleo di un centro culturale polivalente, che include sale concerti e spazi pubblici ricreativi. L'hanno disegnata con un'eleganza raffinata: al centro una maxisfera domina un immenso salone d'ingresso, intorno alla sfera i vari piani superiori della biblioteca s'intravedono come delle membrane sottili. O delle nuvole. O cerchi disegnati nell'acqua quando ci cade un sasso. Dopo aver ammirato l'estetica d'insieme, però, si cominciano a osservare i dettagli. E si rimane esterrefatti. Da lontano sembra una cattedrale le cui pareti sono fatte di libri. Strati di scaffali strapieni. Una versione postmoderna della leggendaria Biblioteca di Alessandria. Quando ti avvicini alle pareti, però, scopri che la maggior parte dei libri sono solo disegnati. Bella veduta da lontano, delusione da vicino. L'espediente ha una ragione pratica: i piani sono così alti che sarebbe assurdo metterci libri, resterebbero inaccessibili.

Però il trucco trompe-l'œil è una sorta di allusione. La biblioteca è ricchissima di libri veri. Ma quando esploro le sezioni in lingua inglese, mi accorgo che abbondano solo le opere tecniche, scientifiche, informatiche, manageriali e sul business. Quasi nulla che riguardi la storia, le scienze politiche, la sociologia. Niente che possa informare un lettore cinese di quel che noi pensiamo sulla Cina. La biblioteca meravigliosa è lo specchio di quel che Xi Jinping ha imposto al loro Internet. Strumento di modernizzazione, ma anche di isolamento e chiusura.

Nonostante le profezie di catastrofe finora siano state sempre smentite, io conservo il mio scetticismo sul sistema autoritario. Forse perché sono condizionato dalla mia cultura occidentale. O forse perché ho visto altri «modelli» sorgere, splendere, sedurre il mondo, infine tramontare. Può darsi che il modello Cina sfugga alla regola. Può darsi invece che sia come tutti gli altri: valido per una stagione, non per l'eternità.

III

La guerra per la supremazia tecnologica

È vero che Pechino ci ha già superati nella corsa all'Intelligenza artificiale, alla telefonia di quinta generazione, all'«Internet delle cose», cioè la nuova rivoluzione digitale che trasformerà l'economia e la società? La Cina è vicina al primato anche nei supercomputer e nella «quantum technology»? Con quali conseguenze? È venuto il momento di filtrare con rigore le aziende cinesi autorizzate a investire in casa nostra, o perfino gli studenti cinesi ammessi nelle università occidentali, per il pericolo dello spionaggio? E quali danni potrebbe infliggerci una ritorsione di Xi Jinping, per esempio nel settore strategico delle «terre rare»? Sono tanti gli interrogativi che si addensano all'orizzonte, su un terreno ostico per i non addetti ai lavori. Proprio perché sono questioni complicate, e gli interessi in gioco sono immensi, abbiamo anche il sospetto legittimo di essere manipolati, da una parte o dall'altra.

Nella sfida Usa-Cina una cosa ormai è chiara: la vera posta in palio non sono più soltanto gli squilibri import-export, macroscopici ma tutto sommato aggiustabili. La nuova guerra fredda dovrà decretare un vincitore nella gara per la supremazia tecnologica. È una sfida in cui le tecnologie per usi civili e militari si mescolano e si confondono, i confini tra il business e la sicurezza, o lo spionaggio, sono sempre più ambigui. È una guerra che imporrà sempre più spesso delle dolorose (e costose) scelte di campo agli europei, messi di fronte a degli ultimatum: anche a prescindere dalle prepotenze di Donald Trump, ci sarà sempre meno spazio per le ambiguità o le «terze vie», bisognerà schierarsi o con Washington o con Pechino. La grande differenza rispetto alla prima guerra fredda infatti è questa: l'Urss fu una superpotenza bellica e anche ideologica (quando il Vangelo comunista era all'apice della sua diffusione mondiale), ma rimase sempre un nano economico, poco integrata e poco influente negli scambi internazionali. La Cina ha un'economia equivalente a quella americana, ed è già penetrata profondamente nei tessuti industriali e finanziari di tutti i paesi occidentali, oltre che in Asia, Africa, America latina.

Questo configura uno scenario senza precedenti. La tecnologia cinese è già in mezzo a noi, dagli smartphone alle antenne che ne controllano il traffico, mentre mai fummo penetrati da tecnologie sovietiche durante la guerra fredda. Neppure nei più improbabili thriller di fantapolitica si poteva immaginare negli anni Ottanta un'America dipendente da computer fabbricati in Unione Sovietica. Oggi le vendite di smartphone Huawei sono un multiplo degli iPhone Apple. A prescindere dall'etichetta e dalle marche che compriamo, non siamo in grado di dire quante parti di un prodotto intelligente a cui affidiamo quotidianamente ogni sorta di segreti (fossero pure banalmente i nostri conti bancari) siano fabbricate in Cina. Liberarci da questa dipendenza, ammesso che sia necessario e sempre che sia ancora possibile, non sarà facile né indolore.

Anche nei negoziati cosiddetti «commerciali» tra Washington e Pechino, il dato più significativo è l'elenco dei temi che sono sul tavolo, così come viene presentato dalla Casa Bianca. Al primo posto c'è l'«intellectual property», cioè tutto quanto riguarda la protezione del know how, i segreti industriali, su cui l'America accusa la Cina di furti sistematici. Al secondo posto c'è il tema del «technology transfer»: questo include le contestate normative cinesi che obbligano molte multinazionali occidentali a prendersi un partner locale rivelandogli ogni segreto tecnologico; e anche la vendita alla Cina di quei prodotti tecnologici americani (semiconduttori, microchip e memorie elettroniche) che sono finiti sotto embargo.

A dieci anni dal mio ritorno negli Stati Uniti, i rapporti di forze tra le due superpotenze sono cambiati enormemente rispetto al periodo 2004-2009 in cui vissi a Pechino. A quell'epoca era evidente chi fosse il numero uno e chi il numero due, chi fosse il maestro e chi l'allievo. Pur essendo tornato regolarmente in Cina, circa una volta ogni anno, non ho avvertito subito la velocità dell'aggancio o del sorpasso in settori chiave delle tecnologie avanzate. Ma non sono l'unico. L'America intera, e in particolare la Silicon Valley, si era distratta al volante e non ha visto il bolide che si avvicinava nello specchietto retrovisore. Era una Ferrari con targa cinese sulla corsia di sorpasso. Ora l'America tenta di correre ai ripari, ma potrebbe essere troppo tardi. Dai responsabili politici di Washington ai top manager dei giganti digitali della West Coast, tutti hanno peccato di *complacency*: un misto di autocompiacimento e presunzione, convinzione della propria superiorità.

Uno dei primi a lanciare l'allarme è stato, non a caso, un Chinese-American (cittadino Usa di origine cinese) che ha una vita divisa tra le due sponde dell'oceano Pacifico. Kai-Fu Lee è originario di Taiwan – come tale non è sospetto di simpatie politiche verso il regime comunista di Pechino – ed è cresciuto negli Stati Uniti, dove ha fatto i suoi studi. Poi la sua carriera manageriale lo ha portato in Cina come capo della filiale locale di Google. Infine si è messo in proprio, fa venture capital, ha una sede a Pechino e finanzia delle start-up cinesi nel settore dell'Intelligenza artificiale (che gli americani designano con le iniziali A.I., da Artificial Intelligence). A questo settore, nel 2018 ha dedicato un libro: *A.I. Superpowers: China, Silicon Valley, and the New World Order*. Il saggio è un autorevole invito all'America a svegliarsi dal torpore. Kai-Fu Lee usa il paragone con «il momento Sputnik»: cioè lo shock che colpì gli americani nel 1957 quando l'Unione Sovietica li precedette nel primo passo verso la conquista dello spazio, mettendo in orbita il satellite Sputnik. Anche in quel caso la concorrenza scientifica tra le superpotenze aveva evidenti ricadute militari, perché chi era in vantaggio nella tecnologia missilistica poteva usarla anche per trasportare ogive nucleari anziché satelliti. Lo shock-Sputnik fu una scossa salutare: John F. Kennedy, vinte le elezioni presidenziali nel 1960, lanciò la corsa alla luna e tanti altri programmi di ricerca con finanziamenti pubblici. Anche sul terreno militare l'America non si lasciò mai veramente sorpassare, o non per periodi lunghi.

Uno shock-Sputnik, secondo Kai-Fu Lee, lo ha subito anzitutto la Cina: quando un'Intelligenza artificiale made in Usa, il software DeepMind AlphaGo di Google, riuscì a sconfiggere uno dei massimi esperti a livello mondiale del più antico «gioco strategico» cinese, quel Go che gli intenditori considerano molto più complesso dei nostri scacchi. L'evento, che passò quasi inosservato in Occidente, sembra aver convinto la dirigenza cinese dell'importanza strategica dell'Intelligenza artificiale.

Oggi è l'America che deve subire un altro shock-Sputnik. Kai-Fu Lee avverte che nella tecnologia del futuro i cinesi stanno superando l'Occidente. E non solo a furia di copiare. Certamente il saccheggio sistematico di proprietà intellettuale ha consentito all'inizio di recuperare il ritardo, ma Kai-Fu Lee sottolinea l'importanza di altri fenomeni. La pirateria ha danneggiato anche tante imprese cinesi, vittime di una concorrenza locale spregiudicata.

La Cina è davvero un Far West della proprietà intellettuale, dove il know how, i brevetti, le scoperte, sono poco tutelati e spesso copiati impunemente. Tuttavia, almeno se uno guarda alle statistiche sui processi, il 95 per cento dei furti di segreti industriali avverrebbe a danno delle stesse aziende cinesi. Questa pirateria ha avuto anche effetti positivi: ha generato un ambiente ultracompetitivo, stimolando una cultura imprenditoriale altrettanto diffusa di quella americana e perfino più combattiva. Alla fine, se molti giganti digitali americani hanno dovuto ritirarsi dal mercato cinese, lo si deve a un mix di fattori: dal protezionismo puro e semplice, fino alla sottovalutazione dei talenti locali. Nel caso di social media come Facebook e Twitter c'è stata una censura; ma per Amazon si può dire che la sconfitta è venuta da concorrenti locali più bravi nel capire i bisogni dei consumatori cinesi. Fa impressione osservare che ancora nel 2012 l'allora presidente di Google Eric Schmidt dichiarava: «I cinesi non riusciranno a costruire una società moderna fondata sulla conoscenza finché praticheranno la censura»; ma oggi il numero di utenti cinesi della Rete ha superato la somma di quelli di Stati Uniti e Unione europea; Google come motore di ricerca ha solo l'1,7 per cento del mercato cinese, mentre il suo rivale locale Baidu ha il 75 per cento. Ci sono almeno altri tre fattori che pesano nella gara per la supremazia sull'A.I. ed è necessario analizzarli con cura.

Primo. È di moda la massima secondo cui nell'era dell'A.I. «i dati sono il nuovo petrolio e la Cina è la nuova Opec» (il nome del cartello petrolifero guidato dall'Arabia saudita). Questo si collega al Deep Learning: le macchine capaci di apprendere da sole sono la nuova generazione di Intelligenza artificiale, quella che soppianta noi umani in molti campi di attività. Per eccellere, Deep Learning – «apprendimento profondo» – ha bisogno di digerire una massa sterminata di dati: Big Data. Un paese con 1,4 miliardi di abitanti ha un bacino di raccolta dati evidentemente superiore.

Secondo. La natura autoritaria del regime può essere un vantaggio in quanto ignora restrizioni alla raccolta dati. Noi occidentali tentiamo – sia pure con scarso successo – di proteggere la nostra privacy. I cinesi sono abituati e rassegnati a essere spiati dal loro governo. In molti casi il Grande Fratello cinese calpesta impunemente i diritti umani: vedi la mappatura biometrica e genetica di milioni di uiguri, i musulmani dello Xinjiang. Ma tutto ciò contribuisce ad alimentare l'A.I. in settori chiave come il riconoscimento facciale e vocale. In America sono soprattutto i giovani ad arrendersi alla realtà che Amazon, Facebook, Instagram e Google raccolgono ogni sorta di informazioni su di loro; in Cina dai tempi di Mao tutti danno per scontato che lo Stato sappia tutto sulla loro vita privata. Da seguire: l'esperimento del «credito sociale» con cui Pechino accumula informazioni su ogni cittadino per poi assegnargli una sorta di pagella civica dagli usi molteplici, anche nel campo economico e finanziario. C'è un'evidente sinergia, fatta di alleanza e complicità, tra il Grande Fratello poliziesco e la capacità innovativa fondata sull'estrazione di dati da ciascun individuo.

Terzo. Il sistema politico cinese è un misto di capitalismo e comunismo, con una forte impronta dirigista. Ai tempi di Kennedy anche l'America era dirigista e infatti i finanziamenti pubblici alla scienza e alla ricerca furono decisivi per la conquista dello spazio. L'America di oggi è molto diversa, è passata attraverso la rivoluzione neoliberista di Ronald Reagan, poi abbracciata anche da leader democratici come Bill Clinton e Barack Obama. Le amministrazioni di ogni colore politico si sono convinte che la Silicon Valley sia autosufficiente e garantisca da sola la leadership americana nelle tecnologie avanzate. Il loro *laissez-faire* contrasta con il robusto intervento del governo di Pechino. La

Repubblica popolare è effettivamente intenzionata a raggiungere e superare gli Stati Uniti in molti settori di punta. L'approccio usato per il sorpasso è diametralmente opposto a quello americano: è una strategia «top-down», cioè affidata alla pianificazione dall'alto delle autorità di governo, da cui deve conseguire la fioritura di iniziative di mercato. La stessa differenza c'è nel mondo della ricerca, dove quella cinese è «mission driven» (guidata da una missione), quella americana conserva una componente «curiosity driven» (ricerca libera, non orientata a un obiettivo prefissato).

In passato il modello americano si è rivelato superiore, ma questo non significa che lo resterà sempre. Il presidente Xi teorizza che lo Stato deve sostenere i «campioni nazionali» del digitale: i tre Bat (come «pipistrelli» in inglese), acronimo di Baidu-Alibaba-Tencent; più alcune eccellenze di nicchia come iFlytek, specializzata nella *voice intelligence* o riconoscimento vocale. Pechino ormai rappresenta il 60 per cento di tutti gli investimenti mondiali nell'A.I. Una sola municipalità cinese, per esempio la città di Tianjin, stanzia più sussidi pubblici alle aziende di Intelligenza artificiale di quanto faccia l'amministrazione federale di Washington per tutti gli Stati Uniti. La città di Pechino ha speso 2 miliardi dollari per un parco tecnologico riservato alle start-up del settore. Forte di questo massiccio aiuto statale, la Cina ha già sorpassato Stati Uniti, Unione europea e Giappone per il numero di ricerche scientifiche e brevetti nell'A.I.

Tutto questo ci riporta alla posta in gioco nelle trattative fra i due governi. Un colpo di scena avvenne quando Xi Jinping, nella primavera 2019, si rimangiò all'improvviso la promessa di riformare le leggi cinesi sulla proprietà intellettuale. Il voltafaccia spiazzò Trump, che credeva di avere già la vittoria in tasca. Fu in seguito a quel ripensamento che il presidente americano lanciò nuovi dazi, fino a colpire la quasi totalità dei prodotti made in China. In un certo senso Xi ha gettato la maschera: ha finito per confermare i timori americani sul fatto che per la Cina quel che conta di più non è invadere il mondo di prodotti, bensì dominarlo attraverso la supremazia tecnologica. Trump ha reagito mettendo sotto embargo Huawei, il colosso delle telecom cinesi che è all'avanguardia nella quinta generazione di telefonia mobile, la porta d'accesso all'«Internet delle cose». Xi Jinping, a sua volta, ha minacciato di privare l'industria americana delle «terre rare», indispensabili per molti prodotti tecnologici. Sono le prime mosse della nuova guerra fredda, il peggio forse deve ancora arrivare.

La seconda guerra mondiale divenne davvero un conflitto planetario quando il Giappone attaccò gli Stati Uniti a Pearl Harbor, il 7 dicembre 1941, dando al presidente Franklin Delano Roosevelt la spinta finale per l'intervento militare diretto. Nella narrazione giapponese quell'attacco a tradimento, senza una formale dichiarazione di guerra, si era reso inevitabile perché l'America stava mettendo in difficoltà l'economia del Sol Levante con un embargo: non tanto di materie prime (benché Tokyo fosse dipendente dal petrolio americano) bensì di macchinari, aeroplani, prodotti tecnologicamente sofisticati. A quasi ottant'anni di distanza, ci si interroga su scenari simili, dopo l'embargo decretato da Trump sulle vendite di semiconduttori made in Usa alla Cina e la minaccia di Xi di vendicarsi privando l'Occidente di minerali preziosi che sono indispensabili per le nostre batterie elettriche, i computer e gli smartphone. Sul terreno delle tecnologie avanzate Stati Uniti e Cina sembrano avviati a cadere nella «trappola di Tucidide», l'inesorabile resa dei conti tra una potenza egemone in declino e una potenza in ascesa che aspira alla leadership.

L'embargo dei semiconduttori s'intreccia e in parte coincide con il caso Huawei. Questo colosso, nato da una costola dell'Esercito popolare di liberazione, è stato accusato da Washington di ogni nefandezza: furti di segreti industriali americani ed europei, spionaggio strategico al servizio di Pechino, e anche violazione di sanzioni contro l'Iran (per quest'ultima accusa nel dicembre 2018 venne arrestata in Canada con richiesta di estradizione verso gli Stati Uniti la direttrice finanziaria di Huawei, Meng Wanzhou). L'embargo di Trump per bloccare vendite di componenti americani a quest'azienda è entrato in vigore nel maggio 2019 e ha costretto Google, Qualcomm, Broadcom e altre aziende a congelare le proprie forniture a Huawei. Nel caso di Google, per esempio, è stata decisa la cessazione delle vendite di certi software Android che vengono installati sugli smartphone Huawei. Qualcomm, invece, è uno dei maggiori fornitori di microchip, memorie intelligenti che sono l'anima e il cervello dei telefonini. L'embargo ha colpito anche le vendite di altre aziende americane quali Microsoft e Dell e si allarga a imprese non americane, come la Samsung sudcoreana e la Panasonic giapponese. Basta che queste multinazionali incorporino il 25 per cento di componenti made in Usa nei loro prodotti perché siano automaticamente soggette al provvedimento dell'amministrazione Trump.

Silicon Valley e dintorni hanno protestato contro questo embargo che danneggia anche l'America. In passato le aziende Usa esportavano in Cina semiconduttori per un valore di 300 miliardi di dollari all'anno. Queste stesse aziende sono soggette a controrappresaglie e ritorsioni da parte del governo di Pechino che ha stilato un suo elenco di reprobi, aziende «inaffidabili» messe al bando per aver obbedito alle direttive di Trump. Questo embargo ha aperto uno scenario nuovo. Tutti i grandi attori dell'economia globale devono rivedere le proprie previsioni a medio-lungo termine. Verranno smontati molti dei meccanismi che avevano reso il mondo più omogeneo, integrato, complementare fino alla simbiosi. Tutto questo non nasce dalla smania protezionista di Trump. La «trappola» è un meccanismo che viene da lontano, verso cui convergono cambiamenti iniziati molto prima che lui diventasse presidente.

Per un paio di decenni la Cina era stata libera di costruirsi un Internet separato, dietro quella nuova Grande Muraglia che è la censura. La Repubblica popolare ci ha raggiunti e sorpassati in molte tecnologie digitali, ma si mescola poco con noi. Non usa gli stessi social media, visto che Facebook, Instagram e Twitter sono vietati. Non usa le stesse app di messaggistica: Weixin sostituisce WhatsApp (vietato pure quello). I pochi coraggiosi che vogliono sfidare la censura l'aggirano con i Vpn – Virtual Private Network –, ma lo fanno a proprio rischio e pericolo. La stragrande maggioranza dei cinesi è a proprio agio in quell'Internet separato, dietro le recinzioni costruite dal suo governo. Grazie alla bravura degli imprenditori locali, la Rete cinese agevola la vita quotidiana. Una sola app come Weixin concentra mestieri che da noi appartengono a WhatsApp più Facebook più Amazon più PayPal più eBay più Uber, Airbnb, Booking e molti altri. Con un click su un'unica app hai a portata di polpastrello tutti i servizi dell'economia digitale sul display dello smartphone. Questo non è il tipo di Grande Muraglia che circonda i gulag della Corea del Nord. Dietro l'alta cinta del protezionismo e della censura, la Cina ha scatenato l'energia e la fantasia creativa di un popolo che ha inventato per primo la scrittura, la stampa, la polvere da sparo e persino il capitalismo.

In ritardo, l'America risponde alzando a sua volta una muraglia. L'embargo – anche se avrà eccezioni e tregue – è il tentativo di Washington di reagire a quella separatezza che Pechino ha pianificato molto in anticipo. La punizione americana individua una minaccia strategica prevalente ma anche un tallone d'Achille dell'industria cinese. La minaccia strategica più immediata – caso Huawei – è che la Cina conquisti la supremazia mondiale nella telefonia di quinta generazione, 5G, una tecnologia che potrebbe condurci verso una nuova dimensione del digitale: l'«Internet delle cose» è un'espressione che evoca nuove frontiere per la robotica, l'automazione, l'Intelligenza artificiale, per esempio la capacità degli oggetti al nostro servizio di dialogare fra loro e scambiarsi informazioni (con ricadute civili e anche militari). Il punto debole della Cina è appunto la sua dipendenza dai semiconduttori made in Usa. Come alla vigilia di Pearl Harbor, gli americani tentano di bloccare l'ascesa del rivale privandolo di risorse essenziali. Ma questo fa nascere nuove domande. Com'è stato possibile che la Cina sia arrivata prima al traguardo del 5G, precedendo l'America? Quanto può essere efficace l'embargo sui semiconduttori made in Usa? Quali sono gli scenari che si aprono adesso?

La prima domanda, sul sorpasso cinese, non ha risposte univoche. Scelgo quella che mi pare più documentata e convincente, riassunta in un'analisi di Charles Duan, *Why China is Winning the 5G War*, apparsa sulla rivista «The National Interest» il 5 febbraio 2019. Da una parte c'è una patologia americana che conosco bene, per averla analizzata anni fa nel mio libro *Rete padrona*: la degenerazione nella guerra dei brevetti. La Silicon Valley, come scrivevo cinque anni fa, è diventata la «Valle degli Avvocati»: i Padroni della Rete si combattono tra loro sempre meno sul terreno dell'innovazione, sempre più nei tribunali. O, prima ancora di arrivare ai tribunali, nell'accumulazione di arsenali di brevetti che servono soprattutto a dissuadere i nuovi concorrenti: alte barriere giuridiche erette attorno all'oligopolio, per proteggersi dagli outsider, cristallizzare i rapporti di forze. Se dovesse nascere oggi un nuovo Steve Jobs, forse farebbe quel che fanno molti giovani fondatori di startup: appena trovata un'idea vincente si quotano in Borsa e poi vendono la propria microazienda a un gigante; sarebbe quasi impossibile ripetere un miracolo come Apple, cioè la costruzione di una grande impresa dal nulla.

Nell'analisi di Duan sul banco degli imputati per il ritardo nel 5G c'è Qualcomm, la società di San Diego (che non è proprio nella Silicon Valley bensì nella California meridionale) che è stata all'avanguardia nell'innovazione per le telecom, ma oggi è soprattutto all'avanguardia «nelle strategie legali più contorte». Insomma l'America ha perso tempo e ha accumulato ritardi nel 5G perché il ritmo dell'innovazione è stato rallentato dall'assenza di una vera competizione. Nello stesso tempo, gli investimenti cinesi nel 5G hanno già superato quelli americani per 24 miliardi di dollari. E Pechino pianifica 500 miliardi di dollari di investimenti nel 5G nell'arco del prossimo decennio. Da una parte abbiamo un modello americano a base di *laissez-faire*, che però non è più fondato su una vera libertà di mercato visto che i nuovi monopolisti riescono a soffocare la concorrenza. Dall'altro c'è un modello cinese che riesce a combinare una forte presenza pubblica, un dirigismo governativo con importanti risorse, e una vera fioritura imprenditoriale.

Questo in parte rievoca un altro capitolo delle sfide passate tra Stati Uniti e Giappone. Negli anni Ottanta sembrò che il Sol Levante fosse in grado di sorpassare l'America in molti settori, grazie a un'originale combinazione fra statalismo, pianificazione pubblica e capitalismo privato. Poi il presidente repubblicano Reagan riuscì a fermare l'invasione nipponica con il suo protezionismo. Trump spera di fare la stessa cosa con la Cina. I dirigenti cinesi sono convinti di essere qualcosa di molto diverso dal Giappone degli anni Ottanta. Per cominciare, la dimensione demografica del loro paese è il decuplo. Di certo la prima lezione che vogliono trarre dallo scontro attuale è questa: accelerare la marcia verso l'autosufficienza.

La nuova strategia di Xi si può chiamare anche con una parola antica: autarchia. Applicata però a settori modernissimi. Ha dovuto ripiegare su questa modalità difensiva, dopo l'umiliazione subita a opera di Trump nel 2018 su un caso che fu il precursore di Huawei. La Zte, acronimo di Zhongxing Telecommunication Equipment, era nel mirino di Washington dai tempi di Barack Obama. È uno dei due giganti cinesi nel settore dell'hardware per telecom (l'altro è Huawei), le cui incursioni nell'hi-tech Usa sono sotto accusa. Zte ha circa 75.000 dipendenti, è una multinazionale che opera in 160 paesi, fabbrica smartphone e infrastrutture per la telefonia. I suoi smartphone competono nella fascia di basso prezzo e sono particolarmente popolari nei paesi emergenti. Ma, come molti prodotti di questo settore, incorporano anche tecnologia made in Usa: come si è detto, l'America rimane uno dei massimi produttori di microchip, di modem, oltre che di sistemi operativi targati Microsoft e Android (Google). I sospetti americani sulla Zte risalgono a molti anni fa. Già durante l'amministrazione Obama la Casa Bianca e il Congresso bloccarono alcune acquisizioni della Zte in America, per la quasi certezza che tali investimenti sarebbero stati finalizzati allo spionaggio industriale.

Il *casus belli* che ha attirato su Zte il castigo americano è stata la sua decisione di vendere smartphone alla Corea del Nord, trasferendo così tecnologia made in Usa a un paese sotto embargo. Dopo i primi avvisi di Washington (sotto Obama), la Zte avrebbe dovuto prendere misure contro i propri manager responsabili del commercio illegale verso Pyongyang. Al contrario, quei dirigenti sono stati premiati. La violazione è grave, perciò il dipartimento del Commercio Usa ha adottato i provvedimenti previsti per legge, vietando alle imprese americane ogni rapporto economico con la Zte. Colpo durissimo: l'azienda, una volta privata dei componenti made in Usa, si è ritrovata nell'impossibilità di produrre smartphone e altri apparecchi. Si è dunque avvitata rapidamente in una spirale di crisi, con chiusure di stabilimenti e l'annuncio di licenziamenti di massa. Un vero e proprio tonfo per uno dei gioielli dell'industria cinese, e sul quale Xi punta nell'ambito del suo piano «Made in China 2025», destinato alla conquista di una leadership nelle tecnologie avanzate. Nel maggio 2018, su intercessione personale di Xi, Trump ha sospeso temporaneamente l'embargo. Così facendo ha evitato che la Zte fallisse licenziando subito decine di migliaia di dipendenti. Un gesto distensivo, ma che non ha certo attenuato l'allarme di Pechino. In futuro Xi non vuole ritrovarsi di nuovo a dover elemosinare dal presidente degli Stati Uniti un rinvio della condanna a morte per una grande azienda tecnologica cinese.

La lezione della Zte è stata messa a profitto dal fondatore e chief executive di Huawei, Ren Zhengfei. La sua azienda vuole bruciare le tappe per diventare autonoma nella produzione di semiconduttori e microchip. È una gara contro il tempo: fra un'America che spera di arrestare l'avanzata cinese «prima che sia troppo tardi», e la potenza rivale che non ha affatto l'intenzione di fermarsi qui. Per i più pessimisti osservatori occidentali, e per gli avversari di Trump, il presidente americano con il suo embargo sta addirittura accelerando il prossimo balzo in avanti dell'industria informatica cinese, cioè l'autonomia nei semiconduttori. Per i suoi sostenitori, invece, Trump sta aprendo gli occhi dell'America e in parte dei suoi alleati su un pericolo che finora era stato sottovalutato. Di certo la vicenda Huawei suscita degli interrogativi. Com'è possibile che un'azienda ancora sconosciuta in Occidente fino al decennio scorso abbia acquisito in breve tempo un tale predominio nel 5G che intere nazioni europee le stanno concedendo carta bianca per costruire la futura infrastruttura telefonica? Qualcuno si ricorda ancora quando i big delle telecomunicazioni erano «nostri», cioè europei come la finlandese Nokia, la svedese Ericsson, la tedesca Siemens e la francese Alcatel, o americani come Motorola?

Su Huawei il «Wall Street Journal» ha ricordato uno dei primi episodi di pirateria, che risale al 2004, quando un dirigente di quell'azienda fu fermato dagli addetti alla sicurezza a una fiera tecnologica di Chicago mentre stava fotografando complesse apparecchiature di AT&T, Nortel, Fujitsu. Era la preistoria. Nelle tappe successive della sua fulminante ascesa, Huawei ha continuato a usare metodi spregiudicati, ma in maniera molto meno artigianale. Lo stesso «Wall Street Journal» in una monumentale inchiesta intitolata «Campione o ladro seriale?» (*China's Tech Champion – Or Serial Thief?*, 25 maggio 2019) ha riassunto le sette regole d'oro che l'ex ufficiale dell'Esercito popolare di liberazione ha imposto all'azienda da lui fondata. Primo, non annunciare la tua presenza: per molti anni Huawei ha usato società-ombra e nomi diversi (FutureWei negli Stati Uniti, Atelier in Svezia) per confondere le acque sui legami tra le sue filiali estere e la casa madre. Secondo, segretezza e impenetrabilità totali: al punto che le sedi in Texas e a Stoccolma hanno protezioni simili a dei bunker militari. Terzo, conquistare quote di mercato praticando prezzi sistematicamente inferiori del 20 o 30 per cento rispetto alla concorrenza. Quarto, copiare senza pudore: in una causa per plagio intentata da Cisco, Huawei ha patteggiato senza ammettere la propria colpevolezza, ma le sue copie erano talmente identiche ai router originali che ne replicavano perfino i virus informatici. Quinto: meglio ancora del copiare è avere spie dentro le aziende concorrenti, per esempio un parente stretto del fondatore Ren Zhengfei che lavorava da Motorola e ne rubò segreti industriali. Sesto: offrire laute ricompense a chi, come sopra, ruba segreti alla concorrenza. Settimo: reclutare gli ex dipendenti della concorrenza.

I risultati sono stati premianti. Oggi Huawei opera in 170 paesi, ha 188.000 dipendenti, nel 2018 ha raggiunto 107 miliardi di dollari di fatturato. E ora scimmiotta le multinazionali della Silicon Valley anche nell'offrire ai dipendenti quartieri generali sontuosi, all'insegna della qualità della vita. Magari con un tocco kitsch da nuovi ricchi cinesi: il nuovo campus di ricerca di Huawei, nella città di Dongguan, suddivide i suoi 18.000 scienziati tra repliche di palazzi rinascimentali italiani, castelli gotici tedeschi, ville spagnolesche; con macchinette Illy per l'espresso e bistrot francesi per la pausa pranzo. Dopo l'epoca della segretezza, infatti, Huawei ha fatto una sterzata strategica investendo nelle relazioni pubbliche. Organizza conferenze stampa in continuazione, invita giornalisti da tutto il mondo a visitare le sue fabbriche e i suoi centri di ricerca. Ne so qualcosa anch'io: di colpo, la mia casella email è stata presa di mira da raffiche di comunicati della Huawei. Nella guerra della comunicazione ha adottato metodi occidentali.

L'offensiva d'immagine ha il suo perché. Trump dall'inizio del 2019 ha messo sotto pressione tutte le nazioni alleate – dall'Europa all'Australia, dal Canada alla Nuova Zelanda – perché smettano di comprare complesse infrastrutture telecom da Huawei. Quelle apparecchiature, secondo l'intelligence americana, sono i cavalli di Troia dello spionaggio di Pechino, a fini sia civili sia militari. Secondo Washington, gran parte dell'Occidente rischia di essere catturato da una vasta rete di sorveglianza che Pechino userà a suo piacimento. Stiamo diventando vulnerabili e abbiamo solo una vaga idea della posta in gioco. Le risposte di Huawei sono poco convincenti. Perfino un giornale tradizionalmente liberista come «The Economist», molto critico verso il protezionismo di Trump, osserva che «Huawei non può persuadere i suoi clienti con la promessa che non aiuterà mai il governo e lo spionaggio cinese». A Pechino si sa quali sono i veri rapporti gerarchici tra il potere politico e l'establishment capitalistico. A una richiesta di «cooperazione» con lo Stato e le sue forze armate nessun chief executive cinese potrebbe dire di no.

Per motivi di sicurezza nazionale e timori di spionaggio Washington ha bloccato il completamento di una gigantesca infrastruttura telecom Usa-Cina: la nuova «autostrada a fibre ottiche» sotto il Pacifico, il Light Cable Network per il quale già sono stati posati 11.000 chilometri di cavi sottomarini da Los Angeles a Hong Kong. È un altro segnale della deriva geoeconomica dei continenti, la nuova guerra fredda in cui siamo di fatto entrati. Quel progetto titanico, che attraversa i fondali del più vasto tra gli oceani, aveva alle spalle finanziatori importanti: Alphabet-Google e Facebook erano tra i promotori dell'investimento, per migliorare la connettività e la velocità dei flussi di dati tra le due coste del Pacifico. I 300 milioni di dollari investiti per la posa dei cavi sott'acqua dovevano garantire l'entrata in funzione della nuova rete entro l'inizio del 2020. Ora tutto è bloccato per il riesame da parte di Team Telecom, un'agenzia federale di Washington a cui partecipano il dipartimento di Giustizia, il Pentagono, e la Homeland Security (antiterrorismo). In passato, altre reti cablate sotto il Pacifico erano state approvate e sono in funzione. Ma oggi il clima è cambiato. Le grandi reti sottomarine, lungo le quali transita la maggior parte del traffico Internet planetario, sono oggetto di una nuova vigilanza. Tra l'altro, in quei network spesso vengono utilizzate apparecchiature Huawei.

Le telecomunicazioni e le infrastrutture di Internet sono solo uno dei tanti settori strategici dove l'America sente improvvisamente che il sorpasso cinese è possibile. Nei supercomputer, i cui utilizzi molteplici vanno dalla ricerca medica alla simulazione di test nucleari per scopi militari, all'inizio del millennio la Repubblica popolare aveva solo due tra le 500 macchine più potenti e veloci del mondo. Dieci anni dopo aveva già conquistato il primo posto con il Tianhe-1A, una macchina che però aveva ancora bisogno di microprocessori Intel, progettati in California. Gli americani prontamente vietarono a Intel di vendere microchip ai quattro maggiori laboratori cinesi di supercomputer. Inutile: già nel 2017 un altro supercomputer cinese (Sunway

Taihu Light) conquistava nuovamente il primato della classifica mondiale per potenza e velocità, e stavolta era tutto fatto in casa, microprocessori inclusi. Oltre un terzo dei supercomputer cinesi vengono fabbricati in laboratori che fanno capo direttamente alle forze armate.

Quanto è stata l'America stessa ad accelerare l'inizio della propria fine, sottovalutando la rivale o per ingenua fiducia nelle virtù dei mercati aperti? Il dubbio è stato sollevato, anche a proposito dei supercomputer, guardando al ruolo di scienziati cinesi che si erano formati proprio nelle grandi università occidentali. La prossima generazione di supercomputer potrebbe moltiplicare la potenza cerebrale di quelle macchine grazie alla «quantum technology», il nuovo campo dell'ingegneria che attinge alle scoperte della fisica quantica e della meccanica quantica. La Cina sta investendo molto in questo settore, da cui attende applicazioni in direzioni diverse: dai sensori capaci di vedere oltre il fumo o dietro l'angolo ad altre applicazioni poliziesco-militari. Tutte collegate a un balzo prodigioso nella velocità con cui vengono processate le informazioni.

La tecnologia quantica mette a profitto le proprietà di atomi, elettroni e fotoni per aprire un capitolo nuovo nella storia del progresso: ma al servizio di quale progetto politico e di quale sistema di valori? Ancora una volta l'Esercito popolare di liberazione ha avuto un ruolo propulsivo nel consentire agli scienziati cinesi un altro sorpasso simbolico nel 2018: depositare il doppio dei brevetti sulle tecnologie quantiche rispetto agli scienziati americani. Ma all'origine c'è la figura di un pioniere, Pan Jianwei, uno scienziato con una cattedra a Heidelberg, formatosi all'università cinese e poi di Vienna, quindi tornato in patria a dirigere gli sforzi nazionali nelle tecnologie quantiche. Con un obiettivo ispirato da subito ai temi della sicurezza: lo studioso ha raccontato al «Washington Post» di essersi sentito motivato quando Edward Snowden, l'ex addetto all'intelligence americana, rivelò tramite WikiLeaks le attività spionistiche dell'intelligence Usa (Jeanne Whalen, *At heart of quantum rivalry: economic, security concerns*, in «The Washington Post», 19 agosto 2019).

La storia di Pan Jianwei assomiglia a quella di tante altre «tartarughe marine», così i cinesi definiscono i talenti espatriati che tornano a casa: come le tartarughe che sentono (pare) l'irresistibile richiamo del nido natale. Ora l'America sta cercando di essere meno generosa che in passato nella formazione di questi cervelli. Per cominciare, il governo di Washington ha messo ostacoli a un programma cinese denominato «Thousand Talents», Mille Talenti. È un fondo che finanzia generosamente esperti stranieri disponibili a fare ricerca in Cina, e ha avuto un successo particolare fra i cinesi-americani (ma non solo loro). Sta calando la saracinesca anche sui rapporti di collaborazione pluriennale fra prestigiosi atenei americani – quali il Massachusetts Institute of Technology (Mit) e la Rutgers University – e società cinesi che commissionavano ricerche avanzate come iFlytek: un'azienda di Intelligenza artificiale legata a doppio filo con la polizia cinese e forse compromessa nello spionaggio interno ai danni della minoranza etnica uigura.

Più in generale, il clima di guerra fredda incipiente sta avvolgendo i 360.000 studenti cinesi iscritti alle università americane. È uno dei paradossi della rivalità tra le due superpotenze, e forse la dice lunga sui complessi d'inferiorità ancora irrisolti delle élite cinesi: continua a essere uno status symbol mandare i figli a studiare in America. Lo è perfino per i leader massimi della nomenklatura comunista: gli ultimi quattro presidenti della Repubblica popolare hanno avuto rampolli con lauree Usa, la figlia di Xi ha studiato a Harvard. Sotto l'amministrazione Trump la concessione dei visti per studio ai giovani cinesi si è fatta più severa. I casi di rifiuto sono diventati più frequenti di una volta. Questo giro di vite non dovrebbe stupire più di tanto chi comanda a Pechino: la concessione dei visti per soggiornare in Cina è notoriamente arbitraria, soggetta alla discrezione politica assoluta del governo, che non esita a vietare l'ingresso a chiunque ritenga sgradito. Invece la ritorsione americana è stata denunciata vigorosamente: nel luglio 2019 un World Peace Forum ospitato nell'università Tsinghua di Pechino ha accusato l'America di razzismo, di una caccia alle streghe equivalente al maccartismo negli anni Cinquanta, di paranoia sul «pericolo giallo». Sullo sfondo c'è il sospetto che un'America invidiosa e vendicativa voglia impedire con ogni mezzo alla Cina di riconquistarsi il suo legittimo primato fra le nazioni.

Che sia per ripicca, o per semplice coincidenza: alla tv cinese una delle nuove serie di successo s'intitola «Vengo a vederti oltreoceano», mette in scena storie di genitori che vanno a visitare i propri figli nei college americani e li trovano in condizioni abbastanza angoscianti. In uno degli episodi un padre cinese fa la parte dell'eroe perché sventa una sparatoria-strage, precedendo l'arrivo della polizia americana. Non contribuisce a rasserenare il clima il fatto che diverse organizzazioni governative o parastatali della Repubblica popolare (dai consolati agli Istituti Confucio) siano state scoperte a sorvegliare la propria popolazione studentesca nei college americani, reclutando informatori. Nella glaciazione incipiente ci sta anche questo dato che serve a marcare le differenze dalla prima guerra fredda: dall'Urss fuggivano dissidenti che chiedevano asilo politico in America; dalla Cina l'esodo di dissidenti si è ridotto moltissimo, passato lo shock di Tienanmen 1989. Anzi, una ricerca condotta sugli studenti cinesi nelle università americane li descrive in maggioranza come politicamente indifferenti, piuttosto nazionalisti, per nulla inclini a riportare in Cina il clima di libertà e tolleranza di cui hanno goduto in Occidente.

Terre preziose o minerali rari: sarà questa l'arma segreta della Cina nella spirale delle ritorsioni e rappresaglie contro gli Stati Uniti? Xi Jinping in diverse occasioni ufficiali ha fatto allusione ai diciassette minerali rari sui quali la Cina ha una posizione dominante. Vengono usati nei magneti e in numerose apparecchiature tecnologiche, dagli smartphone ai tablet. L'elenco completo eccolo qui, con i simboli relativi: cerium (Ce), dysprosium (Dy), erbium (Er), europium (Eu), gadolinium (Gd), holmium (Ho), lanthanum (La), lutetium (Lu), neodymium (Nd), praseodymium (Pr), promethium (Pm), samarium (Sm), scandium (Sc), terbium (Tb), thulium (Tm), ytterbium (Yb), yttrium (Y). Il presidente Xi, facendo visita a un'azienda che estrae, tratta ed esporta terre rare, ha voluto lanciare un segnale agli Stati Uniti: possiamo strangolare la Silicon Valley chiudendo i rubinetti dell'export. Per la verità, questo era già accaduto in passato, e quella volta non era finita bene per i cinesi. A usare lo stesso ricatto ci provarono un decennio fa, quando imposero dei contingenti all'export. Dovettero poi eliminarli dopo una condanna del Wto. Soprattutto, si resero conto di aver fatto un autogol.

Per una potenza esportatrice come la Cina è poco saggio tagliare le proprie esportazioni per danneggiare i clienti. Tra l'altro gli Stati Uniti importano relativamente poco di quei minerali rari. I maggiori destinatari sono altri paesi asiatici, dal Giappone a Singapore. Oppure aziende cinesi che si situano nella complessa catena logistica, i cui destinatari finali possono anche essere Apple o Tesla nella Silicon Valley, ma solo alla fine di un lungo percorso. Razionare le terre rare ha come conseguenza di mettere in dubbio l'affidabilità del fornitore cinese, col risultato di accelerare la ricerca di sostituti (e la Cina, per quanto dominante, non ha il monopolio di quei minerali). Però, non si sa mai. In uno scenario d'incattivimento progressivo delle relazioni bilaterali, non si può più escludere nulla.

Ma se l'embargo sulle terre rare rimane – mentre scrivo – solo virtuale e minacciato, un'altra operazione invece è già in corso da anni. È la costruzione di un semimonopolio cinese per il litio. Per la precisione il carbonato di litio, essenziale per molti prodotti tecnologici, in particolare le batterie delle auto elettriche. Visto il boom delle elettriche, il gruppo Volkswagen ha previsto che il consumo mondiale di quel composto raddoppierà in soli tre anni. Il litio non fa parte propriamente delle terre rare, inoltre la sua produzione avviene anche in Messico, Cile, Argentina, Australia, Irlanda. In tutti questi paesi, però, due gruppi cinesi – Ganfeng Lithium e Tianqi Lithium – hanno acquisito il controllo o partecipazioni azionarie nei produttori locali. Le aziende Usa sono state spazzate via. Il 67 per cento delle cellule per batterie al litio oggi è made in China, contro il 9 per cento negli Stati Uniti. Se il futuro appartiene alla tecnologia dell'auto elettrica, anche in questo settore il futuro rischia di essere cinese. Forse è già troppo tardi per correre ai ripari. Ammesso che ne sentiamo la necessità.

IV

Le Nuove Vie della Seta

> Se non si conoscono i piani dei signori vicini, non si possono stringere alleanze; se non si conosce la conformazione di monti e foreste, paesaggi pericolosi e acquitrini, non si possono muovere eserciti... Si rifletta con cura prima di muoversi; vince chi per primo conosce le strategie dirette e indirette.
>
> SUN TZU, *L'arte della guerra*, VI secolo a.C.

Signorsì, anzi *SignorScì*.

In mandarino questa è la pronuncia corretta del cognome del presidente cinese, Xi (Scì) Jinping. È nella data fausta dell'inizio di primavera, il 21 marzo 2019, che il leader supremo riceve un benvenuto particolarmente ossequioso e solenne in occasione della sua visita in Italia. C'è qualche gaffe di contorno che diverte solo gli italiani, come quella dell'allora vicepremier Luigi Di Maio (futuro ministro degli Esteri) che inverte l'ordine tradizionale cinese, scambia nome e cognome, lo chiama Jinping come fossero amici d'infanzia. Ma l'attenzione vera è altrove. Quel giorno si accendono spie di allarme in diverse capitali europee, da Berlino a Parigi, a Bruxelles; e una bordata di attacchi arriva da Washington.

SignorScì, il presidente cinese, viene accolto con gli onori dovuti al leader della seconda superpotenza mondiale, erede di una tradizione plurimillenaria. Nessuno obietta sulla deferenza italiana. Ma c'è qualcosa di più, che fa puntare i riflettori degli altri governi occidentali su quella visita: è la firma, il 23 marzo, di un Memorandum of Understanding, sostanzialmente un protocollo intergovernativo che fissa i principi di una grande intesa tra Roma e Pechino. Al centro del Memorandum c'è l'ingresso formale dell'Italia nel titanico progetto cinese Belt and Road, cioè «Cintura e Strada»: quello che da noi è più noto col nome di Nuove Vie della Seta. Ovvero le multiformi strade dell'interconnessione globale nel terzo millennio: reti fisiche e reti digitali, trasporti, energia, comunicazioni, una miriade di progetti e costruzioni sotto una regia cinese.

L'Italia di Giuseppe Conte in quel momento fa un gesto simbolico che viene interpretato da alcuni come uno strappo, da altri come un salto nel buio. Lo strappo è con le sue alleanze: nessun altro paese membro del G7, nessuna delle maggiori nazioni dell'Unione europea ha ancora fatto quel gesto. Nessuno dei big europei e occidentali ha accettato di entrare formalmente nel piano con cui Pechino «allunga i tentacoli» delle sue infrastrutture e annette durevolmente decine di paesi alla sua economia. Che cosa spera di ottenere l'Italia da questa adesione, esattamente? Nell'immediato, il governo Conte in quel 23 marzo 2019 viene accusato di grave imprudenza, se non proprio di alto tradimento, dall'America e dai maggiori partner europei. Hanno ragione o torto? E ne valeva la pena? O stavolta «la trappola» è quella che i cinesi hanno preparato agli italiani? C'è chi già vede scivolare verso il controllo di Pechino i porti di Genova e Trieste; chi fa notare che in precedenza gruppi cinesi si sono comprati partecipazioni azionarie in grandi operatori delle infrastrutture italiane come Enel, Terna, Telecom Italia. Lasciamo perdere le squadre di calcio: quelle, al confronto, sono folclore locale. Ben più cruciale è l'avanzata del capitale cinese nei nodi nevralgici dell'energia, telecomunicazioni.

Moriremo cinesi, dunque? Proprio noi italiani che delle Vie della Seta fummo tra i primi utilizzatori, con le nostre tradizioni di commerci verso il Levante, dall'Impero romano alla Repubblica di Venezia e Marco Polo, finiremo risucchiati a Oriente, ma questa volta in posizione subalterna? Perché una cosa è chiara. Le Vie della Seta della storia antica – sulle quali transitavano anche spezie e metalli pregiati, idee e religioni – non avevano un padrone. Fino al Rinascimento e poi all'era delle grandi scoperte, lungo quelle direttrici operavano molti intermediari, diversi popoli si arricchirono grazie a quei commerci, nessuno ne fu il monopolista. Dagli antichi romani ai veneziani, il ruolo della nostra penisola come terminale di quelle vie di comunicazione fu sempre importante. Lo furono anche tanti altri intermediari, dai persiani agli indiani, dagli egiziani agli etiopi, dai russi agli afgani. È una storia affascinante che ho rivisitato nel mio libro *Le linee rosse*. Ma è solo oggi che le Vie della Seta vengono riscoperte, rilanciate, potenziate e modernizzate dall'impulso soverchiante di una nazione. Tutte le vie portavano a Roma. Oggi tutte finiscono a Pechino.

Non scambiamo le apparenze e la sostanza. Nel Memorandum of Understanding tra la Repubblica popolare e il nostro paese non ci sono grossi contenuti concreti, è soprattutto un'affermazione di grandi principi, aspirazioni e progetti, con la retorica tipica di questi documenti. Gli accordi commerciali e gli investimenti si farebbero comunque, a prescindere. L'Italia non ha lasciato né l'Ue né la Nato per diventare di colpo una colonia cinese. Non ancora… i bilanci si faranno più tardi. Quel testo ha un valore simbolico. Ma i simboli in politica estera contano. A maggior ragione quando a maneggiarli c'è una diplomazia raffinata che si rifà a tradizioni millenarie, come quella cinese che ormai si richiama apertamente alla continuità con l'Impero Celeste.

Dunque quel 23 marzo Xi incassa un successo d'immagine evidente: l'Italia è un trofeo, è il primo paese occidentale di rilievo che aderisce ufficialmente al piano Belt and Road, Cintura e Strada, ormai il nome ufficiale delle

Nuove Vie della Seta (perciò d'ora in avanti userò i tre termini in modo interscambiabile, con l'unico scopo di evitare ripetizioni fastidiose alla lettura). Bisogna ricordare che un tassello di questo grandioso progetto cinese fu quella Banca asiatica d'Investimento per le Infrastrutture contro la quale si batté già Barack Obama, che ci vedeva la prima sfida aperta all'ordine internazionale costruito dall'America a partire dal 1944, imperniato su istituzioni multilaterali come Fondo monetario internazionale, Banca mondiale, Gatt (poi Wto, l'Organizzazione del commercio mondiale).

La Cina di Xi presenta tutto ciò che fa come un «win-win», un gioco a somma positiva dove ciascuno ricava dei vantaggi. Per esempio, nelle grandi opere infrastrutturali si rafforzano legami biunivoci: loro possono utilizzare le nuove reti ferroviarie e portuali, stradali e aeree per esportare ancor più facilmente; lo stesso possiamo fare noi usandole in senso inverso, per conquistare nuovi sbocchi sul mercato cinese. Xi si presenta a noi come il globalista del nostro tempo, con una visione positiva dei commerci mondiali, proprio mentre l'America si ripiega nell'isolazionismo sovranista. Ma è davvero così? «Win-win», il gioco vantaggioso per tutti, è una bella teoria per i manuali di economia. Esige una reciprocità di intenti che non esiste. Il mercato cinese ha una tradizione protezionista molto più antica di quella trumpiana. Discrimina sistematicamente a favore dei propri campioni nazionali. Questo è tanto più vero nei titanici cantieri delle infrastrutture che la Cina apre in tutto mondo, dove spesso regna l'opacità; non vengono trattate alla pari le aziende degli altri paesi; per non parlare dei problemi di sostenibilità ambientale, o dei diritti dei lavoratori. Ecco il primo test a cui bisogna sottoporre Xi e il suo Memorandum: quali impegni concreti e verificabili assume Pechino per trattare in modo equo e con reciprocità gli interessi italiani?

La vigilanza nei confronti di Xi non significa assolvere le ipocrisie dei nostri partner. Trump ha maltrattato gli europei, non ha fatto distinzioni tra alleati e rivali, di fatto ci ha reso tutti più vulnerabili all'espansionismo cinese. Germania, Inghilterra e Francia, scandinavi, portoghesi e balcanici hanno accolto più investimenti cinesi di noi; talvolta hanno venduto a Pechino pezzi pregiati dell'argenteria di famiglia. Il rischio di un semimonopolio cinese nella telefonia mobile di quinta generazione (Huawei) è stato trascurato a Berlino e a Londra. Ora alcuni salgono in cattedra e lanciano all'Italia dei moniti, tardivi e ipocriti.

Xi è l'unico che ha le idee molto chiare. È il primo presidente dai tempi di Mao che teorizza apertamente la superiorità del suo modello autoritario rispetto alle nostre liberaldemocrazie. È anche questa visione del mondo che transita lungo le arterie delle Nuove Vie della Seta?

Ma di che cosa parliamo, quando usiamo questi termini: Nuove Vie della Seta o Belt and Road? Il primo era già in voga a Pechino quando io ci abitavo: sotto la presidenza di Hu Jintao, oltre un decennio fa era in atto una vera e propria «conquista del West», in un'atmosfera ideologica che ha qualche assonanza con la colonizzazione del Far West all'alba degli Stati Uniti. I cantieri che avevano modernizzato la Cina, dandole autostrade a otto corsie e treni ad alta velocità, mega-aeroporti e scali portuali per navi portacontainer, stavano ormai dilagando oltre il confine. Ruspe e scavatrici, gru e colonne di camion, betoniere e cavi dell'energia, oleodotti e fibre ottiche stavano allungandosi dalla Cina verso tutti i paesi vicini, cominciando dal Sudest asiatico e dall'Asia centrale. C'erano, già in quei primi anni del millennio in cui abitavo a Pechino, i frequenti summit che attiravano nella capitale cinese leader dall'Africa, dal Medio Oriente, e anche a loro venivano proposti cantieri e investimenti miliardari. Il riferimento alle antiche Vie della Seta era parte della retorica ufficiale da allora.

Però un salto di qualità e di dimensioni, di ambizione e di potenza visionaria avviene il 7 settembre 2013. Da un anno alla presidenza della Repubblica popolare si è insediato Xi Jinping. Quel giorno sta visitando Astana, la capitale del Kazakistan. Al suo fianco c'è il presidente kazako Nursultan Nazarbayev. Xi pronuncia un discorso che dobbiamo considerare una pietra miliare: «Più di 2100 anni fa, sotto la dinastia Han della Cina occidentale, il rappresentante dell'imperatore, Zhang Qian, fu inviato due volte in Asia centrale per aprire la porta ai contatti amichevoli con i popoli di qui. Oggi uniamoci per costruire la cintura economica della Via della Seta, una grande causa che porterà benefici a tutti i popoli lungo queste rotte». È in quel discorso che Xi usa per la prima volta il nuovo nome ufficiale dell'iniziativa, Cintura e Strada.

Ed è in quell'anno che comincia a quantificare gli investimenti: Pechino annuncia di voler mobilitare almeno un trilione, cioè mille miliardi, di dollari per l'insieme dei progetti d'investimento che irradiano verso l'Eurasia, con biforcazioni e diramazioni nell'oceano Indiano, Golfo Persico e Mediterraneo. Quattro anni dopo Xi farà iscrivere la Belt and Road Initiative (o Bri) nientemeno che nella Costituzione della Repubblica popolare. Un gesto quasi inaudito, dal nostro punto di vista. È come se negli anni Cinquanta noi italiani avessimo inserito l'Autostrada del Sole nella Costituzione. Oppure, paragone ancora più appropriato, è come se gli Stati Uniti avessero aggiunto un emendamento alla propria Costituzione per consacrarvi il Piano Marshall e la ricostruzione dell'Europa occidentale.

Insomma, è ben chiaro che il primo a voler sottolineare l'importanza storica, geopolitica e strategica delle Nuove Vie della Seta è proprio lui, l'uomo forte al timone della Cina, il primo leader di Pechino dalla caduta della dinastia celeste che torna ad avere una visione «imperiale». E qui uso il termine in senso antico e moderno al tempo stesso. La Cina di Xi è uno degli ultimi imperi multietnici in senso tradizionale visto che controlla vasti territori popolati da etnie soggiogate (Tibet, Xinjiang, Mongolia). È invece un impero postmoderno nella sua idea di espansione fondata prevalentemente sull'influenza economica, tecnologica e finanziaria: assoggetta l'Eurasia con i suoi capitali, non con le armi. Infine nell'idea «win-win» c'è una continuità con i trascorsi imperiali: la Cina dei millenni passati si considerava il centro dell'universo, circondata da Stati-vassalli che non aveva bisogno di conquistare perché erano in posizione subalterna, tributari e rispettosi dei rapporti di forza, delle gerarchie.

L'idea trainante consiste nell'esportabilità di un modello. Il mondo intero ormai ha avuto trent'anni di tempo per vedere di cosa sono capaci i cinesi: erano sottosviluppati, soffrivano di carestie «africane» ancora alla fine degli anni Cinquanta; oggi hanno autostrade, ferrovie e aeroporti molto più moderni di quelli americani, hanno giganti delle telecomunicazioni, hanno più utenti di Internet dell'intero Occidente, hanno portato luce, fognature e acqua potabile, ospedali, scuole e università negli angoli più remoti e un tempo miseri del loro paese. Ora «offrono» questa loro capacità a tutti noi. Cominciando dai vicini meno sviluppati, per arrivare alla vecchia Europa afflitta da un lungo ristagno.

Per non essere generici bisogna guardare gli atlanti, le mappe geografiche, e seguire l'avanzata dei progetti Belt and Road lungo almeno sei direttrici, tutte in partenza dalla Cina. Le chiamano «corridoi economici».

Il primo è il corridoio continentale, detto «nuovo ponte terrestre dell'Eurasia»: parte dalla regione cinese dello Xinjiang, attraversa il Kazakistan e la Russia meridionale. Il secondo parte a nord di Pechino, nell'area della ex Manciuria vicino al confine coreano, ed è il corridoio Mongolia-Russia. Il terzo, chiamato «Cina-Asia centrale-Asia meridionale», percorre diverse repubbliche ex sovietiche tra cui

Tagikistan e Uzbekistan (proprio come le Vie della Seta dei cammellieri e di Marco Polo, da Tashkent a Samarcanda e Buckara), arriva in Iran passando per Teheran, poi attraversa tutta l'Anatolia turca, Istanbul, i Balcani, e lì si ricongiunge con le diramazioni del corridoio russo, nonché l'Europa centrale. Il quarto corridoio porta alle rotte navali e dalle grandi metropoli costiere di Shanghai, Fuzhou, Guangzhou si collega con i porti di Vietnam, Singapore, Indonesia. Il quinto, ancora prevalentemente navale, tocca le coste del Myanmar (Birmania) e del Bangladesh. Il sesto è quello che da Kolkata (Calcutta) attraversa l'oceano Indiano e punta al Kenya, al Corno d'Africa, e da lì risale verso il canale di Suez e il Mediterraneo. Il sesto corridoio si prolunga già adesso fino al porto di Atene (comprato dai cinesi) e potrebbe avere nuove diramazioni con insediamenti a Genova e Trieste.

L'ampiezza, la grandiosità e la complessità dell'intero progetto delle Nuove Vie della Seta dà le vertigini. Lungo quei sei corridoi è un pullulare di opere già costruite, di cantieri aperti o di progetti in discussione coi governi locali. Alle grandi infrastrutture «fisiche» molto appariscenti a occhio nudo, come autostrade, ponti, aeroporti, ferrovie, porti, oleodotti, centrali elettriche, si aggiungono quelle meno visibili, come le linee a fibre ottiche interrate, gli acquedotti e le fognature; o le «smart city» (le città intelligenti), progetti urbanistici di gestione tecnologica delle metropoli (trasporti urbani, viabilità, ma anche vigilanza e sicurezza hi-tech contro la criminalità o il terrorismo). Viaggia lungo queste direttrici anche un «Internet cinese», cioè un modello di controllo autoritario della Rete che piace a molti altri regimi illiberali.

Nei primi tre anni dall'annuncio di Xi, i cantieri Belt and Road hanno già creato 180.000 posti di lavoro. La Cina ne ha già beneficiato perché il suo commercio con le nazioni attraversate ha superato i 3000 miliardi di dollari.

Non bisogna pensare che i programmi per le Nuove Vie della Seta rientrino in un piano unico, centralizzato e controllato in ogni dettaglio dal governo di Pechino. Sotto quell'etichetta ci sono realtà molto diverse. Alcuni progetti di infrastrutture erano già avviati prima che Xi arrivasse alla presidenza, e in seguito sono stati riclassificati dentro la Belt and Road per gratificarlo. Lì si mescolano investimenti pubblici concordati al massimo livello tra i governi, ma anche iniziative private promosse da grandi imprese cinesi, che in seguito hanno cercato appoggi e finanziamenti governativi. L'ampiezza degli interventi è tale che è impossibile catalogare tutto: i progetti già realizzati e quelli in gestazione coinvolgono 70 paesi dove abita metà della popolazione mondiale e si concentrano il 40 per cento della ricchezza del pianeta e il 75 per cento delle sue risorse energetiche. Se si aggiungono tutti i paesi che hanno manifestato interesse e vorrebbero essere inclusi nella Belt and Road, il totale sale a 130 nazioni. La tentazione di mettere tutto dentro quel contenitore fa sì che di recente la sua etichetta sia stata usata anche parlando dell'avanzata cinese nell'Artico o in America latina; e perfino della vendita di convogli cinesi per le metropolitane di Boston, Chicago, Los Angeles.

Non mancano le critiche, le resistenze, gli scetticismi sulla portata del piano. Una buona sintesi la offre un esperto americano, Eyck Freymann, del quale uscirà nel 2020 un saggio il cui titolo in italiano suona così: «I vestiti nuovi dell'Imperatore: One Belt One Road e la globalizzazione della potenza cinese». In un'anticipazione uscita sul sito Bloomberg, Freymann definisce la titanica Cintura e Strada come una semplice operazione di marketing. Sottolinea le contraddizioni nei numeri: c'è chi parla di piani d'investimento da 1000 miliardi, chi da 5000, chi addirittura da 8000 miliardi di dollari: una vaghezza che induce al sospetto. Non lo convincono né l'iperbole propagandistica di chi lo definisce un nuovo Piano Marshall, o «l'alba dell'Eurasia», né gli allarmismi di chi parla di «diplomazia predatoria, trappola del debito pubblico» destinata a sfruttare i paesi emergenti con nuove forme di neocolonialismo.

Secondo Freymann, la Belt and Road Initiative va capita nell'ambito del rinato culto della personalità, alimentato attorno alla propria figura da Xi. Da quando è citato nella Costituzione a fianco al nome di Xi, quel marchio viene affibbiato alle più disparate iniziative, talvolta scollegate, nate anche molti anni prima della sua definizione. In sostanza, chiunque voglia ingraziarsi il nuovo imperatore ha interesse ad accodarsi alle Nuove Vie della Seta. Imprese cinesi pubbliche e private, colossali o di medie dimensione, fanno a gara a saltare sul carro del vincitore incollando Belt and Road su qualsivoglia progetto all'estero, buono o scadente che sia, vecchio o nuovo. Questo ne ha gonfiato le dimensioni perché tanta parte degli investimenti cinesi d'oltreconfine, che sarebbero avvenuti comunque, ora sembrano guidati da quella visione grandiosa. Non mancano poi gli sprechi e le inefficienze, o le «cattedrali nel deserto» (progetti costosissimi, faraonici e inutili come un gemello del canale di Panama da costruire in Nicaragua, ora abbandonato), tanto più che il marchio Belt and Road è una comoda scorciatoia per chi voglia candidarsi a ricevere finanziamenti agevolati dalle banche pubbliche cinesi.

Infine Freymann cita le obiezioni più note, avanzate anche da alcuni governi «beneficiati» dall'apparente generosità cinese. C'è il problema del debito pubblico che Pechino sta esportando lungo i sei famosi corridoi. Le grandi opere non sono regalate, sono finanziate da prestiti, e quando il paese che li riceve non riesce a ripagarli, la Cina si rimborsa diventando proprietaria di attivi importanti: espropria al debitore insolvente terreni, miniere, aziende locali. Alcuni di questi paesi, come il Pakistan, hanno sfiorato la bancarotta e sono stati costretti a chiedere aiuto al Fondo monetario internazionale, il quale ignorava tutto della loro crisi finanziaria, perché il credito cinese non è trasparente, non viene dichiarato, è invisibile sugli schermi radar delle istituzioni di vigilanza. Come una macchina esporta-debiti, lungo i corridoi della Cintura e Strada la Cina trasferisce a tante nazioni emergenti il suo modello di sviluppo fondato su capitali in prestito e «bolle» bancarie.

C'è un sistematico favoritismo nazionalista per cui le grandi opere delle Vie della Seta vengono assegnate prevalentemente (89 per cento) a imprese cinesi, agli altri restano le briciole (7,6 per cento alle imprese locali, 3,4 per cento a paesi terzi). Lo stesso vale per l'uso della manodopera: troppo spesso nei cantieri lavorano maestranze venute dalla Cina, quindi quegli investimenti non creano tanta occupazione come dovrebbero nei paesi ospiti. Del resto, uno dei moventi che sembrano avere motivato fin dall'inizio i famosi sei corridoi è il bisogno che la Cina ha di usare le sue capacità produttive in eccesso. La Repubblica popolare produce troppo acciaio e troppo cemento; ha una bolla speculativa ultradecennale nel settore edile, ha costruito troppo, perfino delle intere città-fantasma dove i palazzi sono vuoti. Esportare cantieri in tutta l'Asia, in Africa, in Europa, in America latina vuol dire usare impianti, attrezzature e manodopera che altrimenti sono inutilizzati. Ma gli standard a cui siamo tenuti noi occidentali – diritti dei lavoratori, impatto ambientale – non valgono se le opere sono sotto la gestione di Pechino.

È sempre la Repubblica popolare a mantenere in molti casi il controllo operativo, e perfino i titoli di proprietà, sulle grandi reti infrastrutturali già realizzate o in costruzione. Espandendosi a partire dai grandi centri industriali e finanziari di Pechino, Tianjin, Nanchino, Shanghai, Guangzhou sulla fascia costiera, Chongqing e Chengdu su quella interna, il reticolato delle infrastrutture che avviluppa l'Asia centrale e poi si dirama verso l'Africa o l'Europa contiene già un know how gestionale. La Cina fornisce un nuovo modello globale di grandi reti «chiavi in mano»; ma alcune chiavi se le tiene. È evidente che insieme con le fibre ottiche, le reti telecom e wi-fi, Xi propone ai regimi autoritari dei paesi emergenti anche una competenza relativa al controllo di Internet. La Cina ha dimostrato ormai che può essere al tempo stesso una nazione tecnologicamente avanzatissima, con ampio uso delle potenzialità di Internet, ma senza subire il contagio delle idee che l'Occidente s'illudeva di propagare in Rete. Il modello di una Rete sofisticata, grande moltiplicatore di opportunità economiche (dal commercio online ai sistemi di pagamento digitale) eppure sostanzialmente vietata ai giganti digitali americani e ai loro social media, è molto appetibile per le democrazie illiberali, o democrature.

Le critiche elencate da Freymann e da altri americani sono in parte giuste, in parte esagerate. Screditare la Belt and Road come una semplice operazione di marketing è francamente eccessivo: la stessa Banca mondiale, che da quei progetti cinesi è tagliata fuori, riconosce che dei 1000 miliardi di dollari promessi da Pechino, ben 575 (più della metà) sono già stati spesi o stanziati. Del resto basta girare per l'Asia centrale o l'Africa per vederli a colpo d'occhio, i cantieri cinesi. Nel corso di una lunga traversata dell'Etiopia nel gennaio 2019, ho visto aeroporti, strade, acquedotti e ferrovie costruiti dai cinesi: laddove invece non sono ancora arrivati, ho visto bambine e bambini fare decine di chilometri a piedi su strade sterrate o sentieri polverosi, trasportando taniche d'acqua sulla schiena. In quanto all'Europa: è già ultimato il collegamento ferroviario non stop dalla Cina alla Polonia, da dove i treni proseguono su tutta la rete continentale.

I problemi incontrati da Xi Jinping nella sua avanzata mondiale sono reali, però. Cominciando da quello del debito. Lo Sri Lanka è finito in trappola davvero: non riuscendo a rimborsare le rate del credito cinese per la costruzione di un nuovo porto (tutta effettuata da imprese cinesi), ha dovuto cederlo per 99 anni a una grande impresa pubblica di Pechino. Così lo Sri Lanka è diventato un modello negativo e un monito per tutti gli altri Stati: chi accetta fondi da Xi Jinping sappia a quali rischi si espone; il cedimento di sovranità non è un'ipotesi astratta. Il Pakistan, dopo aver sfiorato la bancarotta sovrana e dopo aver ottenuto nel maggio 2019 dal Fondo monetario un salvataggio da 6 miliardi di dollari, ha dovuto tagliare, ridimensionare o rinviare alcuni dei progetti cinesi a casa sua. Il Myanmar ha drasticamente ridotto un piano portuale made in China che sarebbe costato 7,3 miliardi di dollari (lo ha portato a 1,3 miliardi). La Malesia ha cancellato del tutto una rete di oleodotti che la Cina voleva impiantare in loco investendo 3 miliardi di dollari, e ha rinunciato a costruire due terzi delle nuove linee ferroviarie sponsorizzate da Pechino. Il Kenya ha fermato per problemi di impatto ambientale la realizzazione di una centrale elettrica cinese nell'isola di Lamu, destinazione turistica che rischiava di essere disertata dai visitatori per l'inquinamento. In Zambia è la manodopera locale a essersi rivoltata contro i metodi oppressivi dei nuovi padroni cinesi nelle miniere di rame. Perfino le piccole Maldive hanno detto di no alle profferte di Xi, dopo aver scoperto numerosi casi di corruzione.

Critiche e resistenze, però, non passano inosservate a Pechino. La propaganda ufficiale cinese magari le attribuisce alla *longa manus* di Washington, denuncia complotti dell'imperialismo americano, accusa gli occidentali di essere invidiosi. Nei fatti, i vertici della Repubblica popolare prendono nota dei problemi incontrati, e cercano di correggere gli errori. A un forum sulla Belt and Road convocato a Pechino nell'aprile 2019, Xi Jinping ha annunciato che il suo governo eserciterà più controllo sulla qualità dei progetti, sarà selettivo e vigilante anche nelle fasi di esecuzione. Ha promesso ambientalismo e un giro di vite contro la corruzione. Anche sulla questione dei debiti garantisce maggiore cautela; come gesto esemplare è stato cancellato un progetto ferroviario in Africa orientale, da Mombasa a Nairobi, fino all'Uganda e anche oltre, per evitare di sovraccaricare con altri 5 miliardi di dollari di prestiti il Kenya, già fin troppo indebitato.

Un'altra delle lezioni che Xi Jinping ha tratto da quegli incidenti di percorso riguarda proprio noi. Tra le correzioni di rotta operate da Pechino nella strategia sulle Nuove Vie della Seta, c'è uno spostamento di attenzione verso paesi già sviluppati. La Russia è diventata un partner sempre più importante, anche per effetto dell'intesa strategica fra Xi e Putin. La firma dell'Italia al Memorandum, che fa seguito all'adesione di paesi europei più piccoli (dal Portogallo ai Balcani), è la conferma di un aggiustamento di tiro. I sei corridoi continueranno a pullulare di cantieri, ma il baricentro si sposta, l'eccessivo peso dei debiti dei paesi poveri viene bilanciato dirottando investimenti verso aeree industrializzate. L'Europa diventa il bottino più pregiato anche perché è un deposito di know how e conoscenze tecnologiche a cui le imprese cinesi possono attingere.

In definitiva sarebbe sbagliato sottovalutare la Cintura e Strada, focalizzarsi solo sugli errori, sulle nefandezze o sulle esagerazioni propagandistiche. C'è una lettura alternativa.

Un Piano Marshall con gli steroidi. Una strategia delle alleanze più moderna e meno costosa della proiezione militare delle forze armate Usa su scala planetaria. Un modo per superare il ruolo dello stretto di Malacca come «giugulare» che può essere stretta in caso di conflitto America-Cina. Queste sono le interpretazioni più positive della Belt and Road Initiative. Le trovo nel saggio di un ricercatore di origine indiana, Sarwar Kashmeri, *China's Grand Strategy. Weaving a New Silk Road to Global Primacy*, pubblicato nel 2019 a New York dalla Foreign Policy Association.

È suggestivo il parallelo con il Piano Marshall. Fu la premessa economica e il collante sociale su cui avrebbe poggiato la Nato: il consenso verso l'egemonia degli Stati Uniti venne edificato su aiuti che facilitarono la ricostruzione postbellica e innescarono un trentennio di progresso.

Oggi la Cina deve fronteggiare un'America che continua ad avere una soverchiante superiorità militare: la spesa in armamenti di Pechino è un terzo rispetto a quella di Washington, almeno ufficialmente. Ma la Repubblica popolare non tenta di competere sullo stesso piano: costruire l'equivalente delle flotte Usa guidate da 11 portaerei nucleari (ciascuna delle quali, da sola, è l'ammiraglia di una potenza di fuoco superiore a quella di molti Stati sovrani) sarebbe un inseguimento lungo e costoso. Da un lato Pechino persegue una strategia di guerra asimmetrica che, con investimenti più leggeri, ha già reso inattaccabili le sue coste. D'altro lato, con le Nuove Vie della Seta si sta costruendo la sua controrete di alleanze.

Il paragone con il modello americano basato su formali trattati di alleanza (col Giappone e la Corea del Sud, o con i partner europei del Patto atlantico) è fuorviante. L'economia, il commercio, le infrastrutture possono creare una comunità d'interessi altrettanto solida dei trattati formali. Il Gruppo di Shanghai, che unisce Cina, Russia e repubbliche ex sovietiche dell'Asia centrale, è un esempio di questo approccio. Gli investimenti della Cina attraverso la Cintura e Strada fanno gridare al neocolonialismo, ma lo stesso tipo di proteste si levarono negli ambienti antiamericani dell'Europa occidentale verso il Piano Marshall.

L'altro aspetto interessante delle Nuove Vie della Seta è il cordone di infrastrutture terrestri che attraverso l'Asia centrale, dal Pakistan al Kazakistan, promettono di ridurre la dipendenza della Cina dalle superpetroliere che percorrono lo stretto di Malacca. Quel passaggio navale è la vena giugulare che la flotta militare americana potrebbe strozzare, mettendo in ginocchio la Repubblica popolare in caso di conflitto. Finora, uno scenario in cui gli americani bloccano con le loro navi lo stretto di Malacca è mortale per la Cina, che resterebbe a corto di energia. In futuro quel passaggio vicino a Singapore potrebbe non essere più così vitale. Il corridoio Cina-Pakistan ridurrebbe la distanza dal Medio Oriente alla Cina dagli attuali 12.900 chilometri (marittimi) a soli 3000 (terrestri). Kashmeri, che è cresciuto a Mumbai, osserva che anche la sua India, pur non aderendo formalmente alla Bri per motivi politici, è una delle maggiori beneficiarie di quegli investimenti cinesi.

Soffermiamoci sul paragone col Piano Marshall, varato dal presidente americano Harry Truman per finanziare la ricostruzione dell'Europa devastata dalla seconda guerra mondiale. Anche in quel caso c'erano delle clausole di preferenza nazionale: i paesi destinatari degli aiuti, come l'Italia, dovevano usarli prevalentemente per comprare impianti industriali e macchinari made in Usa. E anche in quel caso c'erano forme di ingerenza politica, come l'uso dei prestiti per esportare un modello ideologico: il premier Alcide De Gasperi portò alla vittoria la Democrazia cristiana nel 1948 contro il Fronte social-comunista anche perché gli americani gli garantirono un credito di 100 milioni di dollari, un «assaggio» dei benefici economici a venire, se l'Italia avesse aderito al Patto atlantico.

L'insieme degli aiuti offerti all'Europa con il Piano Marshall dal 1948 al 1952, sempre sotto forma di prestiti, fu pari a 13 miliardi di allora, che sono l'equivalente di circa 110 miliardi di dollari oggi. Un costo che alcuni politici americani e una parte dei loro elettori considerava eccessivo. Ma oggi la fitta rete di relazioni economiche che legano le due sponde dell'Atlantico vale 5500 miliardi di commercio annuo e genera 15 milioni di posti di lavoro. È stato, insomma, un buon investimento per gli Stati Uniti salvare l'Europa dalla fame, dalla rovina, da una ricaduta negli estremismi e nei totalitarismi. L'America di oggi – non solo per colpa di Donald Trump – sembra aver perso sia la voglia sia la capacità di questi grandi piani a lunghissimo termine. La Cina, invece, ragiona su vasti orizzonti: alcune delle dichiarazioni programmatiche di Xi si proiettano addirittura fino al centenario della fondazione della Repubblica popolare, nel 2049. Un politico occidentale che proponesse ai suoi elettori progetti trentennali verrebbe preso per un esaltato, e sbeffeggiato di conseguenza. Ma in fondo, quando l'America era nella sua fase ascendente faceva proprio quello.

Il presidente Franklin D. Roosevelt, prima ancora di aver concluso e vinto la seconda guerra mondiale, con la conferenza di Bretton Woods nel 1944 pose le fondamenta di un sistema di regole economico-finanziarie che avrebbe retto l'ordine mondiale per settantacinque anni: Pax Americana, primato dell'economia capitalistica, graduale apertura dei mercati, nel contesto di reti di alleanze e cooperazione fra liberaldemocrazie. Quando Obama si è accorto che la Cina creava il primo mattone di un sistema alternativo – la Banca asiatica di Investimento per le Infrastrutture – non ha saputo reagire in altro modo che implorando i suoi alleati di non aderire. Pochi lo hanno ascoltato. Tutte le maggiori nazioni europee hanno accettato l'invito di Pechino e adesso hanno un piede in ciascuno dei due universi, l'americano-centrico e il sinocentrico. Germania, Francia e Regno Unito avevano già «tradito» prima di noi. La firma di Giuseppe Conte al Memorandum con la Cina è solo uno dei tanti episodi, in uno slittamento progressivo.

Torno all'analisi dell'americano-indiano Sarwar Kashmeri, perché ha una teoria interessante sulla «curva di apprendimento» dei leader cinesi. «Le critiche alla Road and Belt Initiative» scrive «sono ostacoli seri e imbarazzanti. Ma da questi dolori della crescita la Cina può imparare molto, continuando a portare avanti i suoi piani. Dopotutto la Cina ha solo dieci anni di esperienza con la Cintura e Strada; ha meno di trent'anni alle spalle nel suo nuovo ruolo di superpotenza globale. Ha molto da imparare. Ma ha già dimostrato una capacità rara di saper effettuare cambiamenti clamorosi, quando l'interesse nazionale lo richiede: per esempio la conversione a 180 gradi da un'economia comunista a una capitalista. E così, fra qualche decennio, quando buona parte delle Nuove Vie della Seta saranno realizzate, tante nazioni beneficiate si accorgeranno che non è stato l'Occidente a dar loro le infrastrutture e gli strumenti del successo economico, quell'Occidente che predica i valori della democrazia. Sarà stata la Cina a conquistare il consenso di gran parte del mondo, nella vecchia maniera: guadagnandolo.»

Alla curva di apprendimento che descrive Kashmeri aggiungo questo particolare non secondario. Visto il suo enorme – e problematico – coinvolgimento in Pakistan, la Cina ha dovuto imporre alle sue aziende di assoldare società specializzate nella sicurezza antiterrorismo. Gli attentati contro la manodopera e i manager cinesi sono diventati un effetto collaterale delle Nuove Vie della Seta. Proprio come l'America nella sua fase imperiale ha dovuto abituarsi a fronteggiare in ogni angolo del pianeta forme di rivolta o di ostilità antiamericana, oggi tocca alla Cina misurarsi con questi costi del potere. L'ente di Stato che gestisce la rete elettrica cinese, poiché sta costruendo centrali e tralicci in tutto il Pakistan, ha dovuto investire nell'addestramento paramilitare dei suoi dipendenti. I quali, prima di lasciare Pechino, si sottopongono a corsi di formazione antiterrorismo, organizzati dalla stessa accademia di polizia nazionale. Ecco un esempio dei «dolori della crescita». È interessante anche il fatto che il Pakistan, teocrazia islamica in preda a una deriva fondamentalista, protettore di Osama Bin Laden nonché dei commando jihadisti della strage di Mumbai, abbia spalancato le braccia a una Cina che detiene un milione di musulmani uiguri in campi di concentramento. Realpolitik da una parte e dall'altra; del resto furono numerose anche le contraddizioni interne alla Pax Americana, quando nell'alveo dell'Occidente c'era posto per le dittature di Franco in Spagna, Salazar in Portogallo e Pinochet in Cile.

Del mio viaggio in Etiopia conservo due impressioni contrastanti. Da un lato la gratitudine verso i cinesi, portatori di strade asfaltate che sono una precondizione per affrancarsi dalla miseria. È troppo facile darle per scontate quando si vive in un paese ricco. Asfaltare una strada fa la differenza per milioni di bambini nel tragitto quotidiano da casa a scuola – che senza trasporti moderni può richiedere molte ore, con tutti i pericoli connessi, non ultimi gli stupri seriali delle ragazzine nei lunghi percorsi solitari – e aiuta a scongiurare la trappola dell'analfabetismo. D'altro lato molti etiopi sono preoccupati per l'invadenza cinese ma non hanno una solida alternativa occidentale per limitarla.

I bilanci sulle Nuove Vie della Seta si faranno sul lungo termine, se non proprio nel 2049. Questo riguarda anche il ruolo dell'Italia: avrà saputo cogliere opportunità cinesi d'investimento senza rinunciare a pezzi di sovranità nazionale? Ci accompagnerà il ricordo della severa condanna di Washington contro la firma del Memorandum sulla Belt and Road: «Quell'iniziativa è fatta dalla Cina per la Cina,» ammoniva il National Security Council allora diretto da John Bolton «esclude benefici al popolo italiano e potrà danneggiare la reputazione economica del paese».

Anche su questo titanico progetto per connettere sempre più strettamente ogni angolo del pianeta – e il resto del mondo alla Cina – grava l'ombra della nuova guerra fredda, che potrebbe imporre a tutti scelte di campo. Di sicuro l'attrattiva del campo occidentale è diminuita in proporzione diretta con il nostro disimpegno da tante aree del mondo. Chi per decenni aveva gridato in piazza «*Yankee Go Home*», chi aveva denunciato l'ingerenza e l'invadenza dello Zio Sam, oggi si espone al celebre proverbio americano «*Be careful what you wish for*», «Stai attento a quel che ti auguri», perché c'è il rischio che si avveri. E chi ha voluto vedere nei nostri fondi per la cooperazione e nei nostri aiuti allo sviluppo solo sprechi, corruzione, ruberie, neocolonialismo, ora si accorgerà di cosa significa lasciare vuoti quegli spazi: qualcun altro li ha già riempiti.

V
Fabbrica africana, ritirata occidentale

> Nell'anno 762 dopo Cristo, Du Huan a Guangzhou scrive un libro, il *Jingxingji* o Diario di Viaggi. Uno degli estratti di quel testo sopravvissuti in una enciclopedia cinese racconta di una terra, Molin, i cui abitanti erano neri. Non crescevano riso né cereali, né erba né alberi. I cavalli venivano nutriti di pesce essiccato. Nelle regioni interne la diarrea veniva curata con incisioni al cranio. ... Molin corrispondeva alle zone costiere di Eritrea e Sudan.
>
> FRANÇOIS-XAVIER FAUVELLE,
> «Le tribolazioni di due cinesi in Africa orientale»,
> in *Il rinoceronte d'oro* (Einaudi, 2017)

Gabriele Delmonaco è italiano ma vive a New York, dove dirige una ong umanitaria americana, A Chance in Life. È stato la mia guida nel viaggio in Etiopia, nel gennaio 2019. Là abbiamo visitato scuole e ospedali di campagna finanziati dalla ong. Più di recente, mi ha raccontato questa sua scoperta. Per i bambini che assiste in Etiopia, A Chance in Life era solita comprare vestiti, scarpe e tute scolastiche, naturalmente in loco e in prevalenza di un marchio americano, Children's Place, i cui capi di abbigliamento sono diffusi nel paese e costano poco. Per quanto si sforzasse di aiutare l'economia locale con i suoi acquisti, regolarmente Delmonaco scopriva che i prodotti erano made in China. La marca americana, come molte altre, affidava le sue produzioni a terzisti cinesi con contratti di lungo termine. Solo di recente, per la prima volta, Children's Place gli ha venduto merce fabbricata proprio lì, in Etiopia.

Altre testimonianze dall'Africa confermano che non è un caso isolato. Una spiegazione sono i dazi di Donald Trump, che accelerano le nuove delocalizzazioni: gli stessi giganti cinesi del tessile-abbigliamento trasferiscono la produzione in paesi dove la manodopera costa ancora meno, e soprattutto non sono colpiti dalle tasse doganali americane. Sapevo del Vietnam e del Bangladesh; adesso gli spostamenti di fabbriche beneficiano anche Stati africani, Etiopia in testa. In teoria, questi paesi dovrebbero essere grati al protezionismo americano, che però è una causa indiretta, distante, complicata da capire. Quello che vedono gli africani è la realtà che hanno davanti: sono i terzisti cinesi che gli portano lavoro.

Il continente africano supera per estensione Stati Uniti, Cina, India ed Europa messi assieme. Ha oltre 1,2 miliardi di abitanti – quasi quanto la Cina oggi – ma visti i suoi tassi di natalità saranno più del doppio, 2,5 miliardi, nel 2050. Molto prima di allora, già fra un quinquennio, i consumi delle famiglie di classe media africane supereranno i 2000 miliardi di dollari all'anno.

L'Africa, scrive l'economista indiano-americano Sarwar Kashmeri, «è destinata a diventare la più grande opportunità economica nella storia, da quando ci fu la transizione della Cina al capitalismo». E chi sarà coprotagonista di questa transizione? La risposta la sappiamo, sarà la Cina. Della sua avanzata nel Continente Nero noi parliamo già da anni, con stereotipi ormai entrati nelle conversazioni da bar: «I cinesi si comprano l'Africa, ne sono i nuovi padroni, la stanno invadendo per saccheggiare le materie prime». Tutto questo è vero, e sta già suscitando proteste o resistenze da parte di fasce della popolazione e delle classi dirigenti locali. Ma se non ci spingiamo oltre, se ci fermiamo a quelle frasi fatte con cui liquidiamo la sinizzazione dell'Africa, ci sfugge la portata storica di quel che sta accadendo. La sfida tra Cina e Occidente si giocherà in buona parte sul destino dell'Africa. E di fatto noi abbiamo deciso che non ci interessa avere un ruolo. L'atteggiamento degli occidentali – anche quelli che si credono «umanitari» – consiste nello stare a guardare. I cambiamenti profondi stanno accadendo nell'interazione tra cinesi e africani, con americani ed europei occupati a criticare da lontano.

Irene Yuan Sun ha solo 32 anni e ha già un curriculum eccezionale. Nata in Cina, l'ha lasciata a 6 anni quando i suoi genitori si sono trasferiti in America. Ha fatto studi brillanti, fino all'università di Harvard. Non ha mai smesso di occuparsi del suo paese d'origine, però: ha lavorato nella società McKinsey come esperta degli investimenti cinesi in Africa; oggi è ricercatrice in un think tank di Washington, il Center for Global Development. Ha scritto un libro bello e importante, *The Next Factory of the World* (Harvard Business Review Press, 2017), cioè «la prossima fabbrica del mondo». È bello perché c'è dentro anche il suo vissuto, tante esperienze personali (come il suo primo lavoro da insegnante in una scuola media in Namibia); importante, perché sulla nuova «colonizzazione» dell'Africa da parte della Cina ci offre un punto di vista originale, ci costringe a rivedere i nostri pregiudizi. Non è stato tradotto in italiano, perciò ne riassumo qui alcuni contenuti.

Il libro comincia dall'infanzia di Irene Yuan Sun in Cina, ed è sorprendente fin dalle prime righe.

> Ricordo la prima volta che salii su un'automobile. Non molti in America possono dire la stessa cosa, le automobili sono una cosa banale. Ma accadeva in Cina, dov'ero nata e dove ho vissuto fino ai sei anni ... Ero abituata a tenere stretta la mano dei miei genitori, in piedi su un autobus affollatissimo; oppure ad aggrapparmi a loro mentre pedalavano in bicicletta ... L'auto non era della nostra famiglia, naturalmente. Erano i primi anni Novanta, e quasi nessuno in Cina aveva la macchina. Un amico di famiglia che era funzionario di governo ci fece fare un giro, come regalo ... Voglio sottolineare che questo accadeva solo venticinque anni fa. Per quanto io sia giovane, ho vissuto in una Cina dove le strade non erano affollate di auto come oggi ma di biciclet-

te ... Da allora il Pil è cresciuto trenta volte, e 750 milioni di persone sono uscite dalla povertà. La Cina era stata più povera del Kenya, del Lesotho, della Nigeria ... Oggi compete con gli Stati Uniti per il primato mondiale.

Soffermiamoci su quest'ultima frase, che a un lettore occidentale potrebbe passare quasi inosservata. Ma se sei un cittadino del Kenya, del Lesotho o della Nigeria, è un'osservazione che ti lascia sconcertato, sbalordito; poi ti perseguita: perché la Cina, che era più povera di noi, è riuscita a farcela? È replicabile il modello cinese? Di certo è il più gigantesco, spettacolare, forse l'unico disponibile al momento, perché l'India non fa altrettanto per esportarsi e mettersi in vetrina.

Pensiamo anche a quella cosa terribile, deprecata giustamente da noi occidentali e anche da una parte dei cinesi, che fu la politica del figlio unico. Nella sua applicazione forzosa, autoritaria, ha avuto costi umani orrendi. Al tempo stesso ha evitato la nascita di 300 o 350 milioni di cinesi. Troppe bocche da sfamare in più, come si diceva quando la Cina era poverissima. Chi vede l'Africa come una bomba demografica deve interrogarsi anche su questo: e se un giorno gli africani riuscissero a imitare la ricetta cinese?

Nel quarto di secolo in cui il boom economico sta trasformando il suo paese, Irene Yuan Sun cresce da adolescente negli Stati Uniti. Finita l'università, va a insegnare inglese e matematica in un villaggio della Namibia. Il preside le affida anche un altro compito: deve occuparsi della gestione dello spaccio scolastico. Poiché non sa bene quali prodotti mettere in vendita, alla fine di una lezione chiede ai suoi scolari se qualcuno vuole accompagnarla dal grossista, che si trova a un'ora di strada da lì. In auto. Apriti cielo, tutte le bambine e i bambini alzano la mano gridando, tutti vorrebbero andare con lei, alcuni dopo la lezione la inseguono sotto casa supplicandola di accettarli come accompagnatori.

Per me la scena era divertente e familiare, conoscevo quella voglia di sedere in un'automobile, e il sapore della novità di farlo davvero. Le macchine, o la bibita Sprite, o la carta igienica, possono sembrare dei modi molto materialistici di definire lo sviluppo. Chi queste cose le ha sempre avute tende a dimenticare quanto siano dei segnali di modernità per chi non le possiede.

(Già, ma perché anche la Sprite? Perché quella lattina sigillata è la garanzia di una bevanda potabile, che non avvelena, e dà energia con lo zucchero.)

Dopo mesi d'insegnamento in cinque classi di scuola media, Irene Yuan Sun si sente frustrata, inutile, o peggio. I suoi scolari sono in maggioranza figli di contadini poveri e i più diventeranno a loro volta dei contadini poveri. Lei vede l'assurdità del proprio lavoro: insegna le coniugazioni dei verbi irregolari inglesi a bambine e bambini destinati a coltivare dei campicelli, in una pianura arida dove nessuno parla inglese. Davanti ai suoi occhi vede dipanarsi vere tragedie – ragazzi alle prese con un'epidemia di Aids, degrado ambientale, miseria – e non ha nulla da offrire per aiutarli. L'idea che l'istruzione sia la chiave per il futuro di quei giovani le sembra priva di senso.

Poi le capita uno strano incontro. Cede alle pressioni di un suo conoscente cinese in loco e accetta di recarsi a un *blind date*, un appuntamento al buio con un aspirante fidanzato. Cinese pure lui. Trentenne, ricco, disperatamente in cerca di moglie; poche donne cinesi sono disposte a emigrare in Africa. La sera dell'incontro, a cena e dopo qualche birra, lei scopre di avere davanti il tipico businessman cinese in Africa:

> Un capitalista puro, indifferente al benessere o ai diritti umani della popolazione locale. Eppure fui colpita da questo: lui poteva fare di più per aiutare la gente del villaggio, rispetto ai miei sforzi pieni di buone intenzioni. Io insegna-

vo ai bambini conoscenze teoricamente utili per un mondo nel quale nessuno di loro avrebbe mai vissuto. Lui creava veri posti di lavoro e veri salari.

Il fidanzamento non ha luogo, e quell'uomo Irene Yuan Sun non lo incontrerà mai più. Però la rivelazione shock avuta in quell'incontro la spingerà a dedicare anni allo studio degli investimenti cinesi in Africa, a esplorare decine e decine di fabbriche create da questi capitalisti, a intervistarne i padroni, i dipendenti, i sindacalisti, per sentire tutte le versioni possibili su quel che sta accadendo. Cioè su quella che noi chiamiamo l'invasione, la colonizzazione, l'avanzata imperialista della Cina in Africa. Yuan Sun non ha alcun preconcetto, non è a priori favorevole alle iniziative dei propri connazionali. Espone tutte le critiche, tutti gli aspetti più feroci o inquietanti della realtà. Però arriva a una conclusione netta e positiva:

> Le fabbriche cinesi in Africa, questo è il futuro che potrà creare un benessere diffuso per gli africani e aprire la prossima fase nello sviluppo globale. Renderà l'Africa più ricca, con un sostanziale e durevole miglioramento nel tenore di vita.

L'Africa, ricorda la giovane ricercatrice, è stata il laboratorio sperimentale per ondate di idee occidentali sulla lotta alla povertà. I programmi di aiuti dall'Occidente hanno sicuramente migliorato l'istruzione dell'infanzia e portato progressi nella sanità (anche se mai abbastanza). Ma non sarà la cultura degli aiuti cara all'Occidente a creare le centinaia di milioni di posti di lavoro necessarie per sollevare dalla miseria mezzo miliardo di africani poveri. Ci vuol altro, e questo altro sono le fabbriche. Nessuna parte del mondo, né l'America né l'Europa né l'Asia, ha saputo sconfiggere la povertà atavica senza passare attraverso qualche forma di industrializzazione. E chi sta portando una gran quantità di fabbriche in Africa? Soprattutto loro, i nostri avversari o rivali, i cinesi. Appena un ventennio fa, nell'anno 2000, si censirono solo due investimenti cinesi in Africa; oggi ne arrivano centinaia all'anno.

Uno studio McKinsey ha censito oltre 10.000 imprese cinesi che operano in Africa. Alcune producono per il mercato locale, attratte per esempio dal potere d'acquisto dei consumatori nigeriani: nel 2050 la Nigeria avrà più abitanti degli Stati Uniti. Altre aziende cinesi, invece, guardano al basso costo del lavoro e vanno a produrre in Africa per poi esportare altrove, magari in Occidente. Il caso in cui mi sono imbattuto, quello di Children's Place in Etiopia, è solo un esempio fra tanti. Nel Lesotho, aziende cinesi fabbricano tute da yoga per la marca Kohl, jeans per Levi's, scarpe sportive per Reebok: quasi tutta la produzione di abbigliamento e calzature del Lesotho finisce sul mercato americano.

«L'industrializzazione è la strada con cui la Cina si è trasformata, da una nazione povera e arretrata fino a essere una delle economie più vaste del pianeta, in soli trent'anni. Diventando la prossima "fabbrica del mondo", l'Africa può fare lo stesso» scrive Yuan Sun. Sul lato oscuro di questa storia, cito sempre lei perché la sua analisi è lucida.

> Sia chiaro, l'ascesa del settore manifatturiero non è una storia tutta felice. Vista da vicino, è spesso brutta. Alcuni boss cinesi nelle fabbriche che ho visitato sono decisamente sgradevoli. Razzisti. Non esitano a pagare tangenti. Si ubriacano, frequentano prostitute, sputano in pubblico. La loro corruzione incide sul funzionamento dei governi locali, l'impatto ambientale delle loro fabbriche ha effetti sulla qualità dell'aria e dell'acqua, il loro trattamento dei dipendenti determina non solo i livelli salariali ma a volte anche la vita o la morte sul posto di lavoro. La Cina stessa – con gli scandali di corruzione e l'inquinamento a casa sua – offre esempi angoscianti sulle conseguenze di uno sviluppo economico selvaggio. L'industrializzazione scatena sia

forze distruttive che positive, e tutto quanto è già visibile nell'Africa di oggi.

Le ricerche sul campo condotte dalla studiosa ci invitano anche a non dare per scontato che la Cina stia «replicando» il proprio modello, tale e quale, in Africa. Non sarebbe possibile. Nel bene e nel male ci sarà una versione africana del paradigma cinese. Alcuni paesi africani destinatari degli investimenti cinesi hanno una stampa libera, che non esiste a Pechino; altri hanno sindacati forti, mai visti a Shanghai; molti hanno tradizioni tribali che la Repubblica popolare in casa propria ha spazzato via nel suo centralismo nazionalista. Nella versione più pessimista, è lecito dubitare che il modello cinese venga replicato perché l'Africa non ha né l'antichissima tradizione imprenditoriale (in Cina le prime forme di capitalismo risalgono al XIII secolo) né la disciplina collettiva tipica di una cultura confuciana. È davvero troppo presto per dire che cosa sortirà dalla miscela tra il capitalismo venuto da Pechino e le condizioni locali su cui agisce quando si trapianta nel tessuto sociale africano. È un esperimento storico di enorme portata, di cui osserviamo solo l'esordio, perché è ancora troppo recente.

Va aggiunto che Yuan Sun si occupa di metà della storia. Ha esplorato la parte privata e spontanea dell'invasione cinese, la stessa di cui anni fa si interessò un collega del «New York Times» un po' cinese e un po' africano per esperienza professionale e legami familiari, Howard French. Anche lui andò a caccia di quell'emigrazione imprenditoriale non pianificata da Pechino bensì disordinata, caotica, guidata dalla sete di avventura e di profitto. Almeno un milione di piccoli imprenditori cinesi, commercianti, intermediari in cerca di fortuna sono emigrati in Africa in cerca del loro Nuovo Mondo; senza chiedere permessi al proprio governo né ricevere istruzioni o aiuti. Un esodo biblico ispirato talvolta da insoddisfazione verso la madrepatria.

È una specie di nuova «conquista del West», perché questa fauna umana riproduce la mentalità di certi coloni bianchi quando attraversarono l'America. La loro interazione con la popolazione locale è molto più ravvicinata e intensa rispetto agli eserciti di manager e tecnici delle grandi aziende di Stato cinesi che vanno a costruire strade, grattacieli e aeroporti. Questi cinesi partiti alla conquista dell'Africa in ordine sparso – ma pronti a solidarizzare coi propri simili, a creare reti di *guanxi*, tra mutuo soccorso e fraternità mafiosa – non obbediscono a un piano geopolitico ma lo assecondano forse senza saperlo. Sono quelli del «modello delle oche volanti», l'immagine usata dagli economisti per descrivere ondate di migrazioni di imprese, che fanno massa critica e trapiantano l'industrializzazione in nuove terre. Sono persone che hanno coraggio da vendere, lasciano dietro di sé la propria terra e i propri legami ancestrali, una cultura millenaria, e si trasferiscono in un continente di cui non sanno nulla né tantomeno parlano qualcuna delle lingue locali. Lo spettacolo dà le vertigini: è la storia dell'Africa che entra in una nuova fase. Tutto questo sta accadendo sotto i nostri occhi, letteralmente: ma noi occidentali siamo solo spettatori. In molti paesi africani, il rapporto tra gli investimenti cinesi e quelli occidentali è dieci a uno.

L'altra metà della storia è quella di cui si parla più spesso. La evoco anche nel capitolo sulle Nuove Vie della Seta. Sono gli investimenti cinesi pianificati dall'alto e concordati tra governi, con la regia di Pechino e il protagonismo delle sue grandi aziende di Stato. Riguardano soprattutto le infrastrutture. Le critiche contro questa macroinvasione cinese – per l'impatto ambientale, la corruzione, i debiti caricati sugli Stati locali, lo sfruttamento della manodopera – sono ormai diffuse da anni anche sui nostri media. L'elenco dei mostri partoriti dall'avanzata cinese è lungo. Ricordo qui un paio di storie tra le più citate. C'è la famigerata ferrovia da 10 miliardi di dollari in Kenya. Una prima tratta di 500 chilometri, già costruita e in funzione, collega il porto di Mombasa e la capitale Nairobi. Una seconda è quasi completata. Ma la corruzione che circonda quella grande opera è tale, che i costi di costruzione per ogni chilometro sono il doppio della media internazionale, mentre la capacità di carico merci è solo il 40 per cento di quella promessa. Il progetto è talmente malfamato da essere diventato una specie di esempio di tutto ciò che può andare storto. Le critiche non lasciano indifferente Xi Jinping, che in parte sta cercando di correggere la rotta. Nell'aprile 2019, quando il presidente del Kenya Uhuru Kenyatta si è recato in visita ufficiale a Pechino per sollecitare il finanziamento dell'ultima tranche, il governo cinese lo ha lasciato a bocca asciutta. Sono stufi di versare miliardi in quel pozzo senza fondo. L'ultimo tratto della ferrovia, che doveva raggiungere il lago Vittoria e ha un budget preventivo di 3,5 miliardi di dollari, forse non si farà mai.

Un altro scandalo celebre riguarda la Tanzania, dove nel 2013 i cinesi hanno avviato la progettazione di un modernissimo porto per container a Bagamoyo, un tempo scalo navale per la tratta degli schiavi, poi ridotto a villaggio di pescatori. Anche questa megacostruzione aveva un costo preventivato di 10 miliardi di dollari, e ambizioni spropositate: i costruttori cinesi «proiettavano» un futuro in cui Bagamoyo avrebbe superato il traffico di Rotterdam, numero uno tra gli scali europei. L'aspetto più inquietante era la clausola con cui i cinesi si riservavano un affitto di 99 anni come garanzia collaterale dei loro prestiti. Nel giugno 2019 il presidente della Tanzania John Magufuli ha deciso di bloccare i lavori a tempo indeterminato, per non finire nella trappola del debitore insolvente a cui pignorano la casa.

Lo stesso ha fatto il governo della Sierra Leone con un controverso progetto per la realizzazione di un aeroporto, sempre nel timore di diventare schiavo dei cinesi a furia di indebitarsi con loro. «La percezione che esiste un complotto per trasformare tutto l'oceano Indiano [che arriva al Corno d'Africa, *NdR*] in un lago cinese sta mettendo a repentaglio il capitale politico che la Cina ha accumulato tra gli africani» ha scritto «The Economist» il 29 giugno 2019. La stessa rivista britannica, però, cita uno studio della Johns Hopkins University di Baltimora, secondo cui i progetti travolti dai debiti sono una piccola minoranza su 3000 casi di grandi opere cinesi all'estero. Certo i 50 paesi più indebitati verso la Repubblica popolare (molti dei quali sono africani) hanno ormai accumulato una media di debiti pari al 17 per cento del loro Pil, che è enorme come esposizione verso un solo creditore straniero. Però la Cina ha dovuto imparare a proprie spese – anche «l'arte del perdono»: 140 volte dal 2000 a oggi ha dovuto riscadenzare e in parte cancellare crediti verso paesi poveri.

Forse è più preoccupante osservare l'avanzata di un altro genere di modello cinese in Africa, non le ferrovie e gli aeroporti bensì la censura. Solo nel 2019 altri sei governi africani si sono aggiunti alla lista di quelli che bloccano Internet per impedire la libertà di espressione e la circolazione di notizie scomode. Social media come Facebook, Twitter, Instagram, WhatsApp vengono regolarmente oscurati. Alcuni di questi governi comprano «chiavi in mano» un know how bell'e pronto dalle grandi aziende telecom cinesi, che sono all'avanguardia mondiale in questo campo.

La sinizzazione dell'Africa non è però l'incontro tra due mondi lontani come crediamo noi, né tantomeno una conseguenza recentissima di ciò che abbiamo definito globalizzazione. In realtà è un ritorno al passato. Uno dei più grandi studiosi di storia africana antica, il francese François-Xavier Fauvelle, ci ricorda che i primi contatti fra Impero Celeste e civiltà africane risalgono addirittura all'VIII secolo d.C., sotto la dinastia Tang. Più importanti per la loro influenza furono le esplorazioni dell'ammiraglio Zheng He sotto la dinastia Ming, con ben due missioni africane, una nel 1417-1419, l'altra nel 1421-1422. La sua flotta sbarcò in Somalia e in Kenya. È possibile che sia arrivata all'odierno Sudafrica e abbia circumnavigato il Capo di Buona Speranza. L'arte cinese del periodo Ming è ricca di riferimenti all'Africa; oggetti dell'artigianato cinese del XV secolo sono stati ritrovati sulle coste africane. I due mondi sono vecchie conoscenze, che riallacciano rapporti antichi in un contesto nuovissimo.

La sinizzazione dell'Africa ha cattiva stampa in Occidente, ma quale alternativa stiamo offrendo noi? Accusiamo Xi Jinping di invadere il Continente Nero per accaparrarsi le sue risorse naturali: raccolti agricoli, minerali. Non c'è dubbio, la Cina ha fame di materie prime per le sue industrie. Inoltre la Repubblica popolare sa che un suo tallone d'Achille è l'alimentazione. Non possiede terre arabili a sufficienza per sfamare 1,4 miliardi di persone. È affetta da una crisi idrica spaventosa, con fenomeni di desertificazione che il cambiamento climatico può solo peggiorare. La Cina invade l'Africa con la mentalità antica di un latifondista e la mentalità moderna di chi compra una polizza vita per il futuro. Tanto più nel contesto della nuova guerra fredda con gli Stati Uniti: l'accesso al «granaio» del Midwest diventa problematico. Soia e cereali, che Pechino importava da decenni dagli agricoltori americani, ora se li deve cercare altrove. Ma per l'Africa questo saccheggio significa anche trovare uno sbocco alle proprie esportazioni. Per decenni i contadini africani hanno dovuto vendere a noi occidentali caffè e cacao a prezzi da rapina; la domanda cinese potrebbe migliorare un po' il loro potere contrattuale.

Da che pulpito noi diamo lezioni e diffondiamo allarmi sulla colonizzazione cinese? Anche noi occidentali andammo in Africa soprattutto per sfruttare le sue risorse naturali. Non vi abbiamo lasciato, in cambio, nulla che assomigli alle reti stradali e ferroviarie oggi costruite dai cinesi. La Francia continua a mantenere un vero e proprio esercito coloniale, truppe che intervengono regolarmente nel Mali o nella Repubblica Centrafricana: non risulta altrettanto attiva della Cina nel costruire infrastrutture.

In Europa si parla dell'Africa come di un buco nero dove non accade nulla di positivo. Per i media europei è una tragedia costante. Si focalizza l'attenzione su epidemie, guerre civili e naturalmente flussi migratori, in particolare di quanti cercano asilo sulle sponde settentrionali del Mediterraneo. Si evoca come un incubo quel che c'è «dietro», alle spalle di quei profughi: la bomba demografica, appunto, i futuri due miliardi di africani che vengono descritti come una massa di disperati pronti a invadere il Vecchio Continente in un'Apocalisse migratoria.

Queste raffigurazioni distorcono la percezione che abbiamo dell'Africa e dei suoi problemi, e falsano ancor più la valutazione di quel che noi stiamo facendo per loro. L'ossessione mediatica per poche centinaia di richiedenti asilo che cercano di sbarcare in Italia, per esempio, concentra un'attenzione smisurata su numeri microscopici. Il modello «umanitario» che vuole frontiere aperte aiuta pochissime persone e non le più bisognose: benché disperati, e poveri in confronto a noi, coloro che possono pagare migliaia di euro un mafioso scafista sono frutto di una selezione economica. Sono, in realtà, una minoranza di privilegiati a casa loro.

Ma non è migliore il metodo adottato in paesi «progressisti», dal Canada alla Germania, alla Svezia, i quali praticano sempre di più un governo dei flussi migratori che seleziona in base ai talenti professionali. Medici o informatici, matematici o manager vantano un titolo che li candida ai visti e ai permessi di soggiorno canadesi, tedeschi, svedesi. Questo screma dall'Africa un'élite che serve a noi; è la classica emigrazione che impoverisce durevolmente i paesi di partenza. A oggi, 1,2 miliardi di africani hanno bisogno di essere aiutati a casa loro; meglio ancora: anziché «aiutati» hanno bisogno di essere addestrati e assunti da datori di lavoro che li impieghino per creare ricchezza locale. I cinesi lo stanno facendo. Non per generosità umanitaria, ma per bieco interesse e a scopo di profitto. Il capitalismo «non è una festa di gala», per parafrasare Mao Zedong (che parlava della rivoluzione). In Cina ha funzionato in modo spettacolare, però. Quelle centinaia di milioni di cinesi che rischiavano la fame non furono salvate dai concerti delle rockstar progressiste o dalle raccolte fondi delle onlus. Con tutto il rispetto per il prezioso lavoro degli operatori umanitari, il miracolo cinese lo fecero i cinesi stessi, col sudore, la fatica e i sacrifici, dopo essere stati liberati da un'ideologia economica disastrosa e autorizzati ad arricchirsi.

Solo lo snobismo di occidentali che hanno già tutto – e quindi vagheggiano la «decrescita felice» – può non vedere che la grande storia del nostro tempo è questa: riuscirà la Cina a far decollare l'Africa mettendo al lavoro gli africani, laddove noi abbiamo fallito tante e tante volte?

Se dovesse riuscirci la Cina con la sua ricetta «brutta sporca e cattiva», questo è uno scenario che può cambiare anche le sorti della nuova guerra fredda. Riusciamo a immaginare un futuro in cui a contrastare l'espansionismo cinese saremo rimasti solo noi occidentali – afflitti da stagnazione, invecchiamento, divisi e indecisi su tutto – mentre l'Africa starà dalla parte della Cina? Che trappola davvero.

VI

L'Italia al bivio

Moriremo cinesi? Tanto vale rassegnarci, trarre qualche vantaggio dal nostro lento scivolamento sotto una nuova egemonia imperiale? O invece dovremo fare quadrato in difesa dei valori dell'Occidente, con una chiara scelta di campo, alzando barriere e schierandoci con l'America? I grandi scenari della geopolitica sono più vicini e concreti di quel che crediamo. Siamo già di fronte a scelte difficili, dalle conseguenze enormi. Qui e ora, l'Italia (come tutta l'Europa) è contesa fra le due superpotenze. Un porto alla volta, un'azienda tecnologica alla volta, una Borsa o un ripetitore di telefonia mobile alla volta, la gara America-Cina invade ogni chilometro quadrato del nostro territorio. La posta in gioco siamo noi.

Tutto ciò di cui mi occupo su scala intercontinentale da decenni assume una dimensione familiare, localistica, nella città di mia madre. Genova è un osservatorio speciale per capire come la Cina muove le sue pedine, quanto rapidamente sta avanzando in casa nostra, quali settori strategici vuole conquistare. Una collina con vista mare, di nome Erzelli, è il punto di partenza per questa mia esplorazione. Agli Erzelli c'è la sede dell'Istituto Italiano di Tecnologia che si occupa di robotica, circondata da aziende di punta nei settori biomedico, informatico e nelle telecom.

È anche un belvedere che si affaccia sul porto di Genova, l'infrastruttura che collega Europa, Nord Italia, Mediterraneo. Su tutte queste realtà, l'ambizione cinese si è fatta pressante; in certi casi siamo ben oltre le manifestazioni d'interesse. La Cina è già qui in veste di proprietaria, magari a nostra insaputa.

L'Istituto Italiano di Tecnologia (Iit), per cominciare, è una piccola Silicon Valley in casa nostra. È un'eccellenza riconosciuta nel mondo intero, perfino sorprendente in una città come Genova, che troppo spesso è stata sinonimo di decadenza, o addirittura tragedia con il crollo del ponte Morandi. All'Iit lavorano 1700 ricercatori. Un terzo sono stranieri, venuti da ogni angolo del pianeta, America inclusa. Il 16 per cento sono «cervelli di ritorno», giovani talenti italiani che prima erano espatriati e ora hanno trovato un'opportunità nel paese natale. All'Iit questi ricercatori operano in settori di punta come le scienze della vita (biogenetica), la nanomatematica, l'Intelligenza artificiale, i supercomputer del futuro. Proprio come nelle università californiane – per esempio Stanford, che sta nel cuore della Silicon Valley – l'Iit combina la ricerca pura e le applicazioni imprenditoriali: ha già partorito dal suo interno venti start-up, germogli di aziende. Un simile incubatore d'imprese e vivaio di innovazioni attira le multinazionali: agli Erzelli e dintorni si sono insediate Siemens, Ericsson, Nikon; altre stanno arrivando. Ci sono grandi enti pubblici come l'Agenzia spaziale europea che commissionano lavori alle squadre di giovani scienziati.

Gli equivalenti stranieri di questo centro italiano si chiamano Massachusetts Institute of Technology (Mit) o University of California. Il paragone va fatto con cautela e umiltà; non regge se guardiamo alle dimensioni. L'Iit vive su un budget di 125 milioni di euro, perlopiù fondi pubblici italiani ed europei. Il Mit ha fondi dieci volte superiori, la University of California (suddivisa in dieci campus tra cui UC Berkeley, Los Angeles, San Diego, Santa Barbara e Santa Cruz) spende venti volte tanto. Però l'Iit usa quei campioni americani come standard di riferimento per il rigore delle sue pubblicazioni. Ha delle regole di assunzione copiate da Harvard. Le valutazioni dei candidati sono affidate a commissioni internazionali dove nessuno degli esaminatori ha rapporti con l'Iit. L'indipendenza assoluta, le barriere contro i conflitti d'interessi, servono a evitare quei meccanismi autoreferenziali che spesso inquinano le università italiane (i nepotismi, le logiche dei clan, le raccomandazioni, tutte cose che hanno fatto fuggire all'estero tanti giovani bravi). All'Iit il «posto fisso» non esiste, per nessuno. Ma quando i candidati stranieri o italiani vedono la qualità dei laboratori, rinunciano senza esitazioni a carriere più sicure.

In una visita all'Iit nel mese di settembre 2019 ho avuto un assaggio delle frontiere entusiasmanti della ricerca in questo polo italiano; e del modo in cui incrociano la questione cinese. Anche un non addetto ai lavori come me, che a volte fatica a seguire il linguaggio degli esperti, si emoziona. Sulle alture di Genova si lavora alla nanomedicina, che consente di trasportare il farmaco esattamente nel microambiente dell'organismo umano in cui deve agire: è evidente come questo possa ridurre l'esigenza di «bombardarci» con alte dosi di medicinali dagli effetti collaterali indesiderati o addirittura pericolosi, un bombardamento necessario solo finché non siamo in grado di consegnare il farmaco con maggiore precisione in un punto specifico del corpo. Un altro laboratorio del campus si occupa di un materiale avveniristico, il grafene. È la cosa più sottile che esista in natura, un foglio di grafene ha lo spessore dell'atomo. È più robusto e flessibile dell'acciaio, ha doti prodigiose come conduttore elettrico e termico. È stato isolato dagli scienziati solo nel 2004. Qualcuno paragona la scoperta-produzione del grafene a ciò che fu l'avvento dell'alluminio: tra il 1796 e il 1830 consentì ondate di innovazioni tecnologiche e industriali, dal motore Benz agli aerei dei fratelli Wright. Una vernice di grafene che sprigiona calore forse un giorno sostituirà termosifoni e impianti di riscaldamento nei nostri immobili? Congetture a parte, siamo appena agli albori nell'intuire le potenzialità di un materiale che potrebbe dischiudere nuovi orizzonti al risparmio energetico, alla tutela dell'ambiente.

In un altro reparto dell'Iit vengo introdotto nel mondo degli iCub, «cuccioli di robot», piccole macchine umanoidi oppure centauri, quadrupedi dal corpo umano o quasi. Una linea di questi iCub viene concepita e addestrata per le emergenze: devono sostituirsi a noi per intervenire in caso di frane, terremoti, incendi, inondazioni, attentati terroristici. Lo scopo è salvare vite umane, comprese quelle delle forze dell'ordine, dei vigili del fuoco, della protezione civile, tutti coloro che accorrono per i primi interventi in caso di disastro e rischiano di finire nel bilancio delle vittime. Chi ha visto la serie televisiva *Chernobyl* ricorderà l'episodio in cui le autorità sovietiche sperano di poter usare dei robot per il lavoro più terribile vicino al reattore nucleare esploso. Purtroppo, i robot di quella generazione – siamo nel 1986 – cedono allo shock delle radiazioni atomiche, vengono paralizzati e diventano inservibili. Al loro posto vengono sacrificati «robot umani», soldati mandati allo sbaraglio in una missione mortale per le altissime dosi di radioattività assorbite. Trentatré anni dopo, alcuni degli iCub su cui si lavora a Genova dovrebbero essere in grado di assorbire dosi di radiazioni elevate. Speriamo che non si verifichi mai più un incidente come quello di Cernobyl', però c'è tanto altro lavoro da fare, per esempio la disattivazione di centrali nucleari che vengono progressivamente chiuse.

Altre squadre di ricercatori lavorano sull'«economia circolare», l'immagine coniata per descrivere non solo il riciclo e il riuso di materiali tecnici, ma anche la raccolta differenziata di quelli organici: l'idea di economia circolare evoca una sorta di equilibrio ambientale permanente. Ho visto applicazioni biomediche che partono dagli scarti di lana e di seta dell'industria tessile oppure da alghe e ne estraggono proteine fondamentali per preparare «cerotti intelligenti», capaci di liberare un farmaco nella pelle e di sciogliersi via via che il paziente guarisce. Oppure materiali organici che assorbono il petrolio e altri prodotti inquinanti dal mare. In bella mostra ci sono le alternative organiche alle plastiche: il mondo del packaging industriale, fino agli imballaggi della frutta e verdura nei supermercati, sarà rivoluzionato da materiali a base di bucce di banana, scorze di arancia, avanzi della macchinetta del caffè. Nulla si crea, nulla si distrugge, le nuove frontiere della sostenibilità sono in questi laboratori dove lavora una giovanissima generazione di scienziati, alcuni dei quali «rimpatriati» dall'America.

Tutto questo c'entra con la Cina? Naturalmente sì. Un gioiello come l'Iit non è passato inosservato dall'altra parte del mondo. Nelle mani di un proprietario cinese è già finita una delle aziende-simbolo di questa Genova hi-tech, la Esaote: all'avanguardia nella biomedica made in Italy, per esempio la produzione di apparecchiature per ecografie, risonanze magnetiche. In questo caso c'è stata un'acquisizione da parte di un soggetto privato cinese, che con Esaote «presidia» gli Erzelli e così ha messo un piede nel campus tecnologico. C'è da queste parti un interessamento crescente di Tencent, uno dei campioni nazionali su cui punta Xi Jinping. Tencent è la «T» nell'acronimo Bat, insieme a Baidu e Alibaba: sono l'equivalente di Apple Amazon Google, i giganti digitali che hanno costruito posizioni dominanti in Cina e ne hanno espulso gli americani. È aumentato anche l'attivismo di Huawei, il colosso delle telecom che è diventato la bestia nera dell'amministrazione

Trump. Mentre scrivo è imminente l'inaugurazione di una nuova filiale di Huawei a Genova. Ci sarà un volume di assunzioni significativo, i cinesi ci tengono a far sapere che il loro impatto sarà benefico sull'economia cittadina e regionale. Le autorità di governo locali sono già state contattate, con largo anticipo, per la loro «benedizione» politica all'arrivo ufficiale della società. Tutto questo accade mentre Washington tenta di stendere un cordone sanitario attorno a Huawei, invitando gli alleati a fare quadrato, in un'operazione di isolamento e di boicottaggio della telefonia 5G «made in China».

I vertici dell'Iit mi parlano di una Cina «molto visibile nel campo della robotica, o sui nuovi materiali come il grafene». Constatano che «da qualche anno alcuni dei principali convegni mondiali sulla robotica e l'Intelligenza artificiale si sono tenuti a Shanghai, Pechino, Hong Kong, Macao». Aggiungono che «la Chinese Academy of Science è ormai la numero uno per pubblicazioni scientifiche di alto livello nei settori in cui operiamo». I cinesi bussano spesso alle porte dell'Iit per proporre collaborazioni, «ma meno lo diciamo agli americani meglio è, con l'aria che tira». Un centro di eccellenza nella ricerca scientifica come l'Iit sente soffiare il vento premonitore della nuova guerra fredda. Deve muoversi con cautela. È un'istituzione pubblica e la maggior parte dei suoi fondi vengono dal nostro ministero dell'Economia, seguito dall'Unione europea. Tutto ciò che accade sulla collina degli Erzelli rischia di essere interpretato come una scelta di campo dell'Italia, nel confronto bipolare Usa-Cina.

Lo scivolamento del mondo verso la logica dei blocchi, degli schieramenti, è ancora più evidente quando dalle alture degli Erzelli scendo verso il mare. Si è parlato molto del porto di Genova come di un oggetto del desiderio cinese, quando ci fu la visita di Xi Jinping in Italia e il primo governo Conte accettò di entrare nel progetto Belt and

Road firmando un Memorandum ufficiale (23 marzo 2019). In quel documento erano contenuti dei «protocolli d'intesa» sui porti di Genova e di Trieste. Di tutte le ricchezze italiane, le infrastrutture marittime sono quelle che suscitano l'appetito più immediato. La ragione è evidente, i trasporti navali sono vitali per una superpotenza che ha costruito la sua ricchezza sul commercio estero. La Cina è una grande esportatrice e anche una vorace importatrice (per esempio di petrolio, cereali, soia, carni). Alcune Vie della Seta storicamente sfociano nel Mediterraneo, «corridoio» che le merci cinesi usano dai tempi dell'antica Roma. La Repubblica popolare non può correre il rischio che il clima da nuova guerra fredda le precluda alcune rotte di navigazione, o che certi porti stranieri diventino improvvisamente inaccessibili per lei in seguito a qualche forma di embargo. Sono scenari estremi, per ora fantapolitica. Ma chi governa Pechino deve tenerli in considerazione.

La Pax Americana ha funzionato finché gli Stati Uniti si sono accollati il privilegio, la responsabilità e l'onere di garantire la libertà di navigazione in tutti gli oceani. La globalizzazione egemonizzata dall'America ha offerto a tante altre nazioni i benefici di un mondo aperto, accessibile, fluido. Ma se entriamo in una fase in cui l'America rovescia la propria percezione sui vantaggi dell'apertura, se i venti del protezionismo preannunciano un cambiamento durevole, allora i cinesi devono correre ai ripari. La loro penetrazione nelle infrastrutture portuali serve a quello. Proprio per questa ragione, quando Conte ha firmato il Memorandum con Xi e in quel documento sono apparsi i porti di Genova e Trieste, l'allarme è scattato subito a Washington. Oltre alle condanne formali per l'ingresso dell'Italia nella Via della Seta, si sono moltiplicate le pressioni informali. La mia Genova, già abituata a essere un crocevia commerciale, è diventata anche una frontiera calda della geopolitica, con visite ravvicinate di diplomatici americani e ministri cinesi. Questo non se lo aspettava. Ci sono città che hanno avuto già il destino di essere «linee rosse», confini tra imperi: nell'ultima guerra fredda questo ruolo in Europa toccò a Berlino, Vienna, Helsinki. Nella prossima sfida tra imperi non solo Genova e Trieste ma l'Italia intera, in quanto ponte sul Mediterraneo, potrebbe svolgere una funzione simile.

«I cinesi» mi raccontano le massime autorità portuali chiedendomi discrezione «hanno capito di essere sotto i riflettori. Ogni loro mossa ha subito una visibilità estrema. Perciò, passata la fase delle cerimonie e dei trattati, hanno adottato un atteggiamento pragmatico e un profilo più basso. Visto l'allarme che le loro incursioni in Italia suscitano a Washington, hanno appreso la lezione e hanno cominciato a invitarci a casa loro.» Le nuove forme dell'ospitalità cinese sono interessanti. La Port Authority che governa lo scalo di Genova si è vista offrire operazioni di cooperazione in alcuni porti della Cina, la partecipazione ad attività locali nella logistica. L'attrazione è forte anche perché i cinesi sono ormai all'avanguardia mondiale nell'e-commerce, e abbiamo sicuramente qualcosa da imparare andando a studiarli in casa loro. Con questa offensiva della seduzione, Xi cerca di dimostrarci che le sue promesse sono vere: Belt and Road è un'operazione «win-win», di mutuo vantaggio, dove abbiamo da guadagnare anche noi.

In quanto alla penetrazione della Cina nei nostri porti, chi ha scoperto il tema solo con l'intesa Conte-Xi del marzo 2019 è in ritardo di almeno un decennio. I cinesi hanno già lanciato le loro teste di ponte in Italia, la penetrazione è una realtà radicata. Bisogna osservare Genova non come una città, ma come la testa di un sistema portuale più vasto che include l'area di Savona. Su quel tratto della costa ligure si fanno concorrenza diversi scali. A interessare maggiormente i cinesi sono quelli attrezzati per le navi porta-container, dove avviene il carico e scarico dei cargo che trasportano la Scatola Globale, il parallelepipedo metallico standardizzato, che viaggia su acqua, rotaia, autostrada, passando dalla nave al treno al camion in un flusso veloce, dalla produzione alla distribuzione. Nello scalo container di Vado Ligure i cinesi sono già semipadroni, col 49 per cento del capitale e in società con il gigante danese Maersk. Per le loro altre attività da armatori hanno come partner un'azienda locale: i Cosulich, che nella loro storia familiare affondano le radici in Dalmazia e Trieste, nei porti dell'impero austro-ungarico, anche se oggi hanno la sede principale a Genova. Il porto di Vado è un terminal in grado di accogliere e movimentare (trasferendoli verso altre destinazioni) ben 900.000 container all'anno.

Ma lì vicino un'altra potenza asiatica è padrona di uno scalo ancora più grande. Il porto di Voltri-Prà gestisce il transito di 2,5 milioni di container all'anno. È in mano alla Port Authority di Singapore, la piccola città-Stato che nell'ambito marittimo è una vera superpotenza. Singapore è un caso interessante per molte ragioni. Anzitutto perché era un'area di miseria «africana» fino ai primi anni Sessanta, poi divenne protagonista del più clamoroso fra i miracoli asiatici. Oggi è una tecnopoli modernissima con uno dei redditi pro capite più alti del pianeta. Questo dragone in miniatura vive in casa propria una situazione simile a quella dell'Italia e dell'Europa. Il dilemma della nuova guerra fredda – «da che parte stare» – si pone in modo ben più stringente a Singapore. La Cina le è vicina geograficamente, inoltre nella composizione multietnica della metropoli sono i cinesi ad aver avuto un ruolo dominante con il fondatore politico della città-Stato, Lee Kuan Yew. Le altre etnie principali sono malesi e indiani; la lingua ufficiale è l'inglese, per non fare favoritismi verso questo o quel gruppo etnico.

I leader comunisti cinesi hanno sempre ammirato, fino a imitarlo, il confucianesimo autoritario di Singapore; è una versione di destra del modello a cui aspirano loro («meritocrazia più tecnocrazia più autoritarismo»). Ma proprio per avere una polizza assicurativa contro l'eccessiva vicinanza della Cina, il governo di Singapore è sempre stato un amico degli Stati Uniti, soprattutto dal punto di vista militare. Con un sottile equilibrismo Singapore è riuscita in passato ad avere rapporti eccellenti sia con Washington sia con Pechino. Questo ha consentito la crescita di un business navale dove Singapore è un gigante globale, che investe nei porti occidentali senza mai essere accolta con il sospetto e le riserve che circondano i cinesi. Per decenni nessuno ha obiettato al fatto che Singapore diventasse una sorta di Svizzera del Sudest asiatico – compreso il suo ruolo di paradiso fiscale –, ma la prova del fuoco forse deve ancora arrivare. Per avere un'idea della sua importanza nelle infrastrutture e nella logistica globale, oltre che a Savona la Port Authority di Singapore è azionista degli scali di Anversa (Belgio) e Danzica (Polonia). In fatto di infrastrutture, ricordiamoci che il baricentro dell'Europa – dai tempi della scoperta del Nuovo Mondo – si è spostato nettamente a nord, a favore dei porti atlantici. I numeri che si registrano a Genova sono piccoli rispetto a Rotterdam: lo scalo olandese movimenta 14,5 milioni di container all'anno. E l'Europa tutta intera scompare davanti alla soverchiante superiorità dell'Asia: proprio a Singapore stanno costruendo quello che sarà il più grande porto del mondo, 60 milioni di container all'anno. Oltre il quadruplo di Rotterdam, che è il triplo di Genova-Savona.

Per i non addetti ai lavori, non è immediatamente comprensibile l'interesse che ha la Cina a possedere i porti come «luogo fisico»: le banchine, i moli, le gru, i magazzini per stoccare le merci, i piazzali per i container. Io ho faticato per trovarci una logica. Ragionavo paragonando una nazione a un'azienda. Se io sono un fabbricante di smartphone, e voglio esportarli nel mondo intero, non ho bisogno di comprarmi anche i Tir o le navi o gli aerei per trasportare quei prodotti. Tantomeno mi serve possedere un'autostrada. Le infrastrutture sono al servizio di tutti, quando mi servono le uso e pago un pedaggio, stop. Dunque, che bisogno ha la Cina di possedere gli spazi fisici dove le sue navi e le sue merci devono arrivare? La risposta, anzi le risposte, me le hanno date proprio i capi del porto di Genova. Anzitutto, se fai l'armatore e possiedi navi, controllare il porto significa che i tuoi cargo avranno la priorità e quelli di altri potrebbero dover aspettare in rada, gravati da costi più alti. Poi c'è un vantaggio invisibile. Se il colosso cinese Cosco possiede un porto italiano – mi hanno spiegato – lo trasforma in un «centro di costo». Nella sua complessa contabilità transnazionale, il gigante armatoriale e logistico fa di Genova un onere, una voce negativa delle sue operazioni; i profitti li fa «salire» sulla nave e li porta tutti in Cina. Anche le tasse su quei profitti finiscono a Pechino. Per la piovra delle Vie della Seta, i corridoi marittimi diventano anche canali di trasferimento di ricchezze, come un gigantesco aspiratore che risucchia verso il centro dell'impero i proventi del business.

Le multinazionali americane hanno imparato da tempo questi trucchi, si veda l'immensa elusione fiscale dei big digitali come Amazon, Apple e Google. Le multinazionali cinesi non sono da meno. Un drenaggio di profitti e gettiti fiscali è uno dei flussi destinati a scorrere nelle vene della Belt and Road. A ciò si aggiunge il tema strategico. Cioè lo spettro della vera guerra fredda, gli scenari da embargo. Questo è facile da capire anche per un non esperto di logistica navale. La Cina ha goduto per almeno un trentennio della protezione oggettiva degli Stati Uniti. È grazie al gendarme globale della US Navy – pagata dal contribuente americano – che le rotte di navigazione sono sicure. Questa sicurezza è stata importante per la Cina: senza doversi accollare lo stesso onere militare degli Stati Uniti, ha potuto mandare le sue navi mercantili a invadere il pianeta di prodotti made in China, tanto sapeva che quelle navi cargo non sarebbero state assalite né da pirati (se non raramente) né da potenze straniere ostili. L'impero americano ha protetto tutti i commerci globali, siamo stati tutti un po' parassiti nell'usufruire dell'ordine che regnava sui mari grazie allo Zio Sam. Ora, però, la Cina vede che si sta aprendo un diverso capitolo della storia. Non può escludere che l'America si disimpegni dal suo ruolo di garante dell'ordine capitalistico. Quel sistema di regole condivise che fu codificato nell'Organizzazione mondiale del commercio sta stretto agli americani e non solo perché lo dice Donald Trump. Quindi anche sulla questione delle rotte e dell'accesso ai porti Pechino vuole premunirsi: possedere moli e banchine mette al riparo dalle rappresaglie nel futuro incerto che verrà.

I dilemmi con cui l'Italia si deve confrontare riguardano tutta l'Europa. Se noi italiani siamo alle prese con l'avanzata cinese nei nostri porti, il Regno Unito ha avuto l'assaggio di una sfida simile nella più ricca delle sue infrastrutture: la Borsa di Londra, che possiede anche quella di Milano. È accaduto l'11 settembre 2019, con una scelta di calendario davvero curiosa. Diciotto anni prima al-Qaeda, con l'attacco alle Torri Gemelle, aveva sferrato un colpo mortale contro un simbolo del capitalismo americano: Wall Street e quindi il New York Stock Exchange sono a pochi passi dal World Trade Center. L'11 settembre 2019 è partita un'offensiva incruenta, indolore, ma non meno simbolica, verso un'altra piazza finanziaria globale. Quel giorno la ex colonia ha tentato di comprarsi la capitale dell'impero che l'aveva posseduta. Hong Kong Exchanges and Clearing, la società governativa che possiede la Borsa di Hong Kong, ha lanciato un'Opa ostile da 32 miliardi di sterline sul London Stock Exchange. La data era significativa e sorprendente anche per altri motivi. Il Regno Unito era nel mezzo della tempesta

Brexit; la città di Hong Kong era in preda a manifestazioni di protesta popolare. L'Opa è stata respinta dagli inglesi e quel primo approccio non ha dato risultati. «Le Borse sono istituzioni legate allo Stato-nazione, sono beni civici, questo è un ostacolo alle acquisizioni transnazionali» commentava il «Financial Times» il giorno dell'Opa. Questo non ha impedito in realtà che si creassero delle mega-Borse sovranazionali, come dimostra il passaggio della Borsa di Milano sotto il controllo di quella britannica. Però le questioni di sovranità in passato ostacolarono la scalata che i tedeschi della Deutsche Börse Ag avevano lanciato sul London Stock Exchange. Ben più clamoroso sarebbe stato se l'ex colonia cinese di Sua Maestà britannica fosse riuscita a comprarsi quella che storicamente era stata la sua casa madre.

Il solo fatto che la Borsa di Hong Kong abbia potuto immaginare, progettare e architettare un'Opa su Londra, la dice lunga sul rovesciamento dei rapporti di forze tra «noi e loro». La strategia delle Nuove Vie della Seta riguarda le infrastrutture di ogni tipo e categoria, materiali e immateriali, fisiche e virtuali. La finanza è un'infrastruttura strategica, ed è uno dei pochi settori dove il Regno Unito ha ancora un ruolo globale. È anche un settore chiave negli scenari Brexit. I fautori del divorzio inglese dall'Unione europea hanno vagheggiato per la loro isola un futuro in stile Singapore. L'idea cioè che il Regno Unito (o quel che ne resterà, ammettendo che Scozia e Irlanda del Nord vogliano rimanerci) possa prosperare da solo in mezzo a tanti giganti, come Singapore che sta fra la Cina e l'India. Quel futuro «alla Singapore», per gli inglesi comporterebbe un ruolo da paradiso fiscale e piazza finanziaria offshore. Questo non preclude che un giorno la loro Borsa non finisca in mani cinesi, però... E non sfugge il dettaglio che mentre le Borse occidentali sono quasi tutte privatizzate, quella di Hong Kong è controllata dal governo locale, a sua volta dominato da quello di Pechino.

Si può obiettare che *business is business* o, nella versione latina, *pecunia non olet*. Il denaro non ha odore neppure se si tratta di renminbi (o yuan) o, in questo caso, dollari di Hong Kong. Se le aziende cinesi fanno acquisizioni in Europa, come le multinazionali americane ne hanno fatte da un secolo a questa parte, che male c'è? Finché agiscono in una logica capitalistica, i soldi cinesi investiti nelle nostre aziende possono arricchire tutti noi, migliorare l'efficienza, creare lavoro. O no? Bisogna essere consapevoli del prezzo politico, per rispondere. Un esempio concreto delle conseguenze ce lo offrono quei piccoli paesi europei che sono stati fra i primi «cooptati» dentro la Belt and Road. Portogallo, Grecia e Ungheria sono – in proporzione al loro Pil – fra i maggiori destinatari degli investimenti cinesi in infrastrutture. Guarda caso, i loro governi hanno ripetutamente bloccato l'Unione europea quando tentava di criticare la Cina per abusi sui diritti umani, in Tibet o contro gli uiguri. Lisbona e diverse capitali balcaniche si sono anche opposte all'idea di introdurre controlli sugli investimenti cinesi in settori strategici come le tecnologie avanzate, le telecom. Un alto dirigente della Commissione europea, sotto anonimato, ha fatto questa confessione inquietante: «Siamo ormai nella situazione in cui la Cina ha essenzialmente un potere di veto all'interno delle istituzioni Ue» (citato da Julianne Smith e Torrey Taussig, *The Old World and the Middle Kingdom*, in «Foreign Affairs», settembre-ottobre 2019). Gli investimenti cinesi hanno già avuto un effetto collaterale, riducendo di fatto la sovranità dei paesi che li ricevono.

Il caso più interessante in Europa è quello della Germania. La nazione più ricca e più potente dell'Unione è passata in modo repentino dai ranghi dei filocinesi a quelli degli anticinesi, per usare un'etichetta semplice. La conversione è stata spettacolare ed è importante ricostruirne la dinamica. Nell'ultimo trentennio la Germania era stata forse la nazione più filocinese d'Europa, a prescindere che il cancelliere fosse socialdemocratico o democristiano. Si capisce il perché: la Germania è l'unica grande economia europea ad avere avuto quasi sempre un attivo commerciale con la Cina. Bell'exploit davvero. I cinesi sono innamorati da decenni della tecnologia tedesca: adorano le Mercedes, le Audi, le Bmw, le centrali elettriche e i macchinari industriali made in Germany. Oggi ben 5200 imprese tedesche sono insediate in Cina, dove danno lavoro a oltre un milione di persone. Il 40 per cento delle auto prodotte dal gruppo Volkswagen sono vendute sul mercato della Repubblica popolare.

Con risultati così soddisfacenti la Germania non aveva alcuna ragione di criticare i cinesi. Anzi, li appoggiava implicitamente, di fronte alle critiche dell'America. Ricordo, ai tempi di Barack Obama, l'inconfessabile asse Berlino-Pechino. Le due nazioni «mercantiliste», coi massimi attivi commerciali del pianeta, contro la nazione in deficit perenne. Obama contestava (giustamente) l'effetto parassitario dei loro comportamenti. Le nazioni che accumulano attivi commerciali macroscopici si fanno trainare dai consumi degli altri e dunque si arricchiscono frenando la crescita altrui. Cina e Germania sono due economie ben diverse tra loro, però c'è quest'affinità: considerano il resto del mondo un mercato che deve sempre rimanere aperto, ma non importano altrettanto dagli altri. Ancora nel 2013, a riprova di quanto fosse solido l'asse Berlino-Pechino, Angela Merkel bloccò una proposta europea di imporre dazi punitivi sui pannelli solari made in China. Quei pannelli venivano esportati in Europa in palese *dumping*, cioè venduti a prezzi inferiori al costo di produzione, grazie ai sussidi pubblici cinesi. È una forma di concorrenza sleale, espressamente vietata dalle regole del Wto. Ma la Merkel impedì che fosse sanzionato quel comportamento lesivo per le aziende europee, in nome dei suoi rapporti eccellenti con Xi Jinping.

I tedeschi chiusero gli occhi a lungo, anche quando era evidente che pure a loro i cinesi rubavano un bel po' di segreti industriali. Ricordo un episodio che risale proprio agli anni in cui seguivo dalla California i negoziati Usa-Cina sull'ingresso nel Wto e preparavo il mio trasloco a Pechino. Atterrando dal volo San Francisco-Shanghai, all'inizio del millennio, notai l'insolito mezzo di trasporto made in Germany che attendeva noi passeggeri all'aeroporto. Un magnifico treno ad alta velocità, la cui unica funzione era di portarci dal terminal alla città, un tratto di poche decine di chilometri lungo il quale il convoglio non faceva nemmeno in tempo a raggiungere la velocità di crociera. E non ci portava fino al centro di Shanghai. No, il treno superveloce ci caricava all'aeroporto e ci lasciava a Pudong, il quartiere degli affari pieno di grattacieli, la prima Manhattan cinese. Ma non tutti i passeggeri erano diretti a Pudong, quindi se la tua destinazione era il centro di Shanghai ti toccava trasbordare su un taxi. Scomodo. Ultima anomalia, il treno interrompeva il servizio molto presto la sera, penalizzando i passeggeri di numerosi voli.

Come tutti gli stranieri di passaggio, chiedevo ai cinesi il perché di tante incongruenze. Il loro governo aveva comprato dalla Siemens un treno fatto per sfrecciare a 300 all'ora su rettifili di molte centinaia di chilometri, che per esempio sarebbe stato perfetto per collegare Shanghai a Pechino. E invece lo usava su un tragitto così breve che sarebbe bastato un metrò. È come comprarsi una Ferrari e poi farle percorrere solo la rampa di uscita dal garage. I cinesi a cui rivolgevamo queste domande erano evasivi. Non sapevano, o fingevano di non sapere? In quanto alla Siemens e al governo tedesco che l'aveva appoggiata nella battaglia per vincere quella commessa, erano fiduciosi: vedrete – dicevano – che questa prima tratta serve solo come un test. Quando le autorità cinesi si saranno convinte che la tecnologia made in Germany è la migliore anche per le ferrovie veloci, ci apriranno un mercato immenso per collegamenti su grandi distanze.

Si illudevano, i tedeschi. Per anni il treno continuò a fare la navetta. Poi la Repubblica popolare compì davvero il grande balzo verso le linee ad alta velocità. Ne costruirono migliaia di chilometri, la rete più vasta del mondo. Da Pechino a Shanghai, da Shanghai a Hangzhou, più a sud fino a Guangzhou, tutta la fascia costiera industrializzata venne collegata; in seguito iniziò anche la costruzione verso le regioni interne. Ora in tutta la Cina si vedono sfrecciare i convogli a 300 all'ora. E la tecnologia tedesca? Non ce n'è alcun bisogno. I treni ad alta velocità sono made in China al 100 per cento. Anche se somigliano come gocce d'acqua a quelli tedeschi. Ecco a cos'era servito il «giocattolo» Siemens. Il governo cinese si era comprato la Ferrari e l'aveva tenuta quasi ferma in garage, non per inefficienza, ma per smontarla e rimontarla, pezzo per pezzo. «Reverse engineering», ingegneria alla rovescia, viene definito questo procedimento: un classico dello spionaggio industriale. I tedeschi, dunque, furono gabbati già vent'anni fa. Eppure si limitarono a proteste blande, perché nell'insieme i loro affari andavano bene in Cina.

Il risveglio c'è stato, ma è molto più recente. La goccia che ha fatto traboccare il vaso è stato il piano «Made in China 2025». Voluto da Xi Jinping, illustra la strategia sistematica con cui il governo di Pechino punta a raggiungere la supremazia mondiale in molte tecnologie strategiche: robotica e Intelligenza artificiale, energie rinnovabili e auto elettrica, aerospaziale, telecom e tanti altri settori. Quel piano assomiglia molto a un analogo programma tedesco chiamato «Industria 4.0». Ma la Germania è vincolata da regole europee che proibiscono gli aiuti statali, o le concentrazioni monopolistiche. La Cina non ha queste limitazioni, i suoi «campioni nazionali» li nutre di sovvenzioni e aiuti pubblici. Quando Xi ha reso noto il progetto

«Made in China 2025», la grande industria tedesca ha aperto gli occhi, ha capito di essere tra le vittime predestinate di quel piano. Da qui al 2025, cioè in tempi rapidissimi, Pechino punta a sostituire sistematicamente le tecnologie tedesche che importava con altrettante tecnologie domestiche. Il caso del treno Siemens verrà esteso a tutti i settori, insomma: la Cina farà da sé, altro che importare il costoso know how germanico.

A questo punto il patto implicito che legava gli interessi tedeschi e quelli cinesi è in crisi. Vi si è aggiunto nel 2017 uno scandalo di spionaggio. I servizi segreti di Berlino hanno accusato la Cina di aver creato 10.000 false identità sul social network LinkedIn, con lo scopo di spiare cittadini tedeschi, soprattutto ministri, parlamentari, alti dirigenti dell'amministrazione pubblica. La rivelazione ha rievocato un incidente che aveva avuto per protagonista Barack Obama: proprio in occasione di una sua visita ufficiale a Berlino, WikiLeaks aveva svelato che l'intelligence Usa aveva messo sotto sorveglianza perfino il cellulare della Merkel. Anche se non è una novità che i servizi segreti si spiano pure tra nazioni alleate, lo scoop avvelenò la visita di Obama. Però la reazione fu diversa nei due casi. Mentre Obama si scusò ufficialmente con la cancelliera, i cinesi negano ogni addebito e quindi non sentono alcun bisogno di scusarsi. Inoltre, negli Stati Uniti la stampa indipendente ha criticato severamente lo spionaggio ai danni della Merkel. In Cina, invece, i media non riportano le notizie negative sul loro governo.

In ogni caso bisogna arrivare all'inizio del 2019 perché si verifichi un capovolgimento nella strategia della Germania. Nel gennaio di quest'anno la Confindustria tedesca pubblica un rapporto durissimo contro il piano «Made in China 2025» e incita le aziende associate a ridurre la propria dipendenza dal mercato cinese. Nello stesso periodo la pressione della Merkel è decisiva per spingere la Commissione europea a rivedere tutto il suo approccio alla Cina. Per la prima volta nella storia la Repubblica popolare viene definita «un rivale strategico» nella posizione ufficiale di Bruxelles. Di fatto, la definizione ricalca quella degli Stati Uniti. È una svolta. Pur denunciando vivamente i dazi di Donald Trump, le autorità europee gli danno ragione su un punto fondamentale: la Cina è diventata una minaccia. Questo spiega anche le durezze di Bruxelles, Berlino e Parigi verso il governo Conte I, in occasione della firma del Memorandum sulla Belt and Road. Agli italiani quelle critiche sono apparse ipocrite, poiché giungevano da paesi che avevano ricevuto molti più capitali cinesi di noi. Verissimo. Però l'operazione Xi-Conte ha fatto scalpore per la tempistica sbagliata: l'ingresso dell'Italia nelle Nuove Vie della Seta avveniva proprio quando l'Unione europea aveva rivisto in senso negativo il suo approccio alla Cina.

Il pentimento tedesco, la correzione di rotta, significa che l'Europa sarà obbligata ad allinearsi con gli Stati Uniti nella nuova guerra fredda? Questo non è affatto sicuro. Gli interessi europei e quelli americani non coincidono. L'appartenenza al club delle liberaldemocrazie, i valori comuni dell'Occidente non ci costringono per forza a marciare compatti. La Svizzera e la Finlandia sono liberaldemocrazie occidentali, condividono i nostri principi, ma rimangono neutrali e non partecipano ad alleanze come la Nato. C'è una tentazione reale per l'Europa: quella di ritagliarsi un ruolo di «terza forza», a metà strada fra Stati Uniti e Cina, ricavandone anche dei vantaggi. In fondo, questo accadde anche durante la prima guerra fredda. Per esempio, la tensione Usa-Urss non impedì al cancelliere socialdemocratico Willy Brandt di perseguire una «politica orientale» che aprì all'industria tedesca alcuni mercati nel blocco sovietico; l'Italia, da Enrico Mattei a Giulio Andreotti, perseguì nel Mediterraneo una politica filoaraba che si smarcava dagli Stati Uniti. La nostra autonomia, però, era modesta. Sapevamo che l'Unione Sovietica non aveva esitato a usare la forza militare per affermare la sovranità limitata nel suo campo d'influenza: con i carri armati a Budapest nel 1956, a Praga nel 1968. Sapevamo che i missili nucleari di Mosca erano puntati contro di noi. L'ombrello protettivo degli Stati Uniti era il collante dell'alleanza atlantica. Oltre certi limiti non potevamo distinguerci dalla linea di Washington.

Oggi la situazione non è così chiara come ai tempi della prima guerra fredda. A differenza dell'Urss, la Cina non rappresenta per noi una minaccia militare immediata: non ha truppe né missili alle nostre frontiere. La sua invasione sembra squisitamente economica, può piacere o no ma non comporta spargimenti di sangue. E dei suoi capitali abbiamo bisogno. Siamo però dipendenti dagli Stati Uniti per altre forme di sicurezza. Per esempio, l'Europa non ha servizi d'intelligence integrati; né tantomeno una difesa comune contro i cyber-attacchi. Nelle nuove guerre digitali, asimmetriche e condotte con armi potenzialmente accecanti contro le nostre infrastrutture più nevralgiche, noi europei siamo degli sprovveduti. Abbiamo inseguito il sogno di costruire una «potenza erbivora»: cioè un nuovo tipo di forza post-moderna, capace d'irradiare influenza internazionale non con le armi bensì per la sua ricchezza economica, scientifica, educativa, e per la qualità dei suoi diritti. Ma quando si riapre una fase di tensioni internazionali, e siamo circondati da potenze carnivore armate fino ai denti, cosa ci resta da fare? Sia gli Stati Uniti sia la Cina hanno un approccio geopolitico «olistico», per loro interessi economici e strategie militari fanno tutt'uno. Donald Trump minaccia disinvoltamente di ritirare il suo appoggio militare agli alleati, se questi non si allineano alle richieste americane sul commercio estero. Xi Jinping usa il peso dei suoi investimenti esteri per ricattare altri governi su Taiwan, Hong Kong, il Tibet. Noi europei, che solitamente distinguiamo le trattative commerciali dalle scelte di politica estera o militare, finiremo schiacciati dalla logica bipolare che rinasce?

Ritorno nel luogo da cui ero partito, Genova. Tra i dati che mi hanno fornito le autorità locali, eccone alcuni che fanno riflettere. Se escludiamo il petrolio e il commercio intra-Ue, quelle cinesi rappresentano il 22 per cento delle merci che arrivano in Italia via mare. Da parte loro, gli Stati Uniti sono la prima destinazione per le merci che partono via mare. Il dilemma è chiaro. L'osservatorio particolare che è il porto di Genova (da cui transita il 65 per cento del commercio extra-Ue della Lombardia, l'80 per cento di quello del Piemonte) ci restituisce la fotografia di un problema più generale. Italiano, europeo. Siamo in una situazione di dipendenza quasi eguale, speculare e simmetrica verso le due superpotenze. Una, l'America, è un mercato di sbocco indispensabile oltre che un alleato storico. L'altra, la Cina, è diventata un fornitore altrettanto essenziale e investe parecchio a casa nostra. È stata una situazione innocua nel trentennio della globalizzazione pacifica. Può diventare una trappola, ora che il vento è cambiato.

Un capitolo sui cinesi in Italia, però, non può limitarsi a parlare di grandi strategie imperiali, penetrazione nelle nostre infrastrutture strategiche, o nelle tecnologie avanzate. Come in altre parti del mondo, anche qui c'è una realtà cinese che è fatta di imprenditori in cerca di opportunità, soggetti autonomi, che non dobbiamo confondere con i piani di conquista del governo di Pechino. Ci siamo abituati a vedere in mezzo a noi i piccolissimi imprenditori della diaspora, i mercanti emigrati, i famosi cinesi di via Paolo Sarpi (Milano), piazza Vittorio (Roma), o del distretto tessile di Prato: quelli che comprano gli esercizi commerciali con valigette di denaro nero, o sfruttano manodopera clandestina nei sottoscala. Sono storie note di cui scrissi anch'io nelle mie esplorazioni delle Chinatown italiane e mondiali. Ovviamente questo microcapitalismo selvaggio della diaspora, allo stato brado, è un pulviscolo spontaneo che prescinde dalle strategie di Xi Jinping. In certi casi risale all'Ottocento. Sa usare le proprie reti di *guanxi*, un termine che evoca l'inglese *networking*, ma che per noi può alludere a metodi mafiosi.

Poi c'è un altro capitalismo d'esportazione, recentissimo e di caratura ben diversa. In Italia in particolare si affaccia una nuova imprenditoria cinese che è attratta da una storia d'amore. Il fascino che il nostro paese esercita sui cinesi è un fattore importante. Il mito dell'Italia – ne so qualcosa da espatriato a vita – è un fenomeno fortissimo in ogni angolo del pianeta. Gli americani e gli inglesi, i tedeschi e i francesi, i brasiliani e gli indiani adorano le bellezze del nostro paese, dal paesaggio al patrimonio archeologico, dalla Roma antica al Rinascimento, più il nostro stile di vita e tante meraviglie del made in Italy. Per i cinesi si aggiunge a tutto ciò un misto di stupore e di invidia. Loro appartengono a una civiltà più antica della nostra ma le cui vestigia sono state conservate poco e male. Restano estasiati da tutto l'antico che è ancora ben visibile a Pompei o nei Fori Imperiali, nei nostri borghi medievali o nelle nostre piazze seicentesche; vedono una sorta di filo ideale che ricongiunge Leonardo, Michelangelo, Raffaello, Bramante, Palladio e Brunelleschi alla creatività del design italiano contemporaneo.

Nell'arco di un decennio questo innamoramento ha accompagnato una trasformazione nella tipologia di visitatori cinesi. Dapprima, Venezia e Firenze furono invase da masse di cinesi – diciamolo pure – maleducati e sguaiati, ignoranti e ingombranti. Quel turismo di comitiva esiste ancora e continuerà a crescere. Però vi si affianca un fenomeno nuovo, quello dei cinesi colti e raffinati, che viaggiano in coppia o in piccoli gruppi di amici, vanno in esplorazione di regioni e località meno ovvie, scelgono gli agriturismi o le locande appartate. Turismo di lusso in cerca di un'Italia più vera e più ambita, per loro un prezioso oggetto del desiderio.

Questo accade anche nel mondo degli affari. Ci sono capitalisti cinesi i cui investimenti sono guidati da una sorta di filosofia estetica. È il mio incontro con uno di questi che voglio raccontarvi, perché è un'altra faccia dell'avanzata cinese, diversa da Huawei o dagli investimenti portuali.

L'imprenditore in questione è nato a New York ma è cinese al cento per cento. Adora l'Italia e ne ha fatto la destinazione privilegiata dei suoi investimenti, ma non si sognerebbe mai di comprare una squadra di calcio. Quando faccio la sua conoscenza, nell'aprile 2018, ha 38 anni. Erede di una delle più grandi famiglie capitalistiche d'Estremo Oriente, prova un evidente fastidio per il mondo del cosiddetto lusso. Non lo dice, per innata cortesia, ma si capisce che lo considera popolato di cafoni, soprattutto sul versante della clientela. Si fa chiamare Stephen Cheng, anglicizzando e invertendo l'ordine tradizionale tra nome e cognome, come fanno molti cinesi che hanno attività internazionali, per semplificare la vita a noi occidentali. La sua storia può apparire sconcertante, o forse invece normalissima. Serve a spazzare via stereotipi e pregiudizi sulla classe imprenditoriale cinese, e a capire una delle sue possibili linee di evoluzione. (Ne ho ritrovato delle tracce nel film già citato *Crazy Rich Asians*, anche se quella fiction è ambientata a Singapore.)

Per cominciare, come molti nipoti di grandi capitani d'industria, Cheng voleva fare tutt'altro che continuare il business di famiglia. Suo nonno, mi spiega quando lo incontro nel suo ufficio milanese in via dei Bossi (dietro la Scala), «ha creato la più grande compagnia di trasporto navale di Hong Kong», ma lui a Harvard ha studiato «storia del cinema e fotografia, perché la mia vera passione è sempre stata l'arte». Nella sua Hong Kong ha aperto «la prima e la più importante galleria di arte visiva sperimentale, un luogo tutto nero al suo interno, dove s'incrociano arti, musica e installazioni multimediali». La famiglia ha sempre tentato di riportarlo all'ovile, verso il mondo degli affari: nel 2005 lo convinsero a lavorare per tre anni alla banca americana Goldman Sachs, poi arrivarono quasi a spingergli fra le braccia la futura moglie, Helen Wang, plurilaureata in business e finanza. I due gestiscono insieme il family office che diversifica gli investimenti del gruppo, The World Wide Investment Co., con sede a Hong Kong. Ma il gioiello a cui dedicano le cure più amorevoli è Nuo Capital, la costola italiana. È qui che Cheng riesce a conciliare gli investimenti con la sua passione per l'arte.

Fra un volo a New York per un'esposizione all'Armory di Park Avenue, e una sosta a Berlino dove possiede una casa di produzione di dischi in vinile di musica d'avanguardia, Stephen e Helen fanno sosta a Milano una volta ogni due mesi. Quando li incontro nel 2018 è in occasione del Salone del Mobile o Design Week: l'arredamento italiano di alta qualità è uno dei settori dove sono già attivi. Cheng mi riassume la sua filosofia d'investimento: «Primo, vogliamo essere soci di minoranza, per accompagnare imprenditori nei quali abbiamo la massima fiducia. Secondo, investiamo a lungo termine. Terzo, vogliamo guidare verso l'Asia delle eccellenze italiane». Vede un ruolo positivo nei due sensi: la sua rete di conoscenze cinesi può aprire quel mercato ad aziende italiane di dimensioni medio-piccole, che da sole non ce la farebbero. Ma puntare su una qualità altissima per lui è anche «un modo per elevare gli standard dei cinesi, sia i consumatori sia i produttori».

Tra gli esempi di aziende in cui ha già investito, nel settore dell'arredamento di eccellenza, Cheng cita «la Promemoria del designer Romeo Sozzi (Como), e la Bottega Ghianda, arte ebanistica che a Valmadrera (Lecco) da due secoli confeziona oggetti di legno senza l'uso di chiodi». Poi c'è la piattaforma digitale Artemest, pensata per promuovere l'artigianato italiano e aprirgli mercati globali. Aiuta il fatto che in Asia tra i business della famiglia Cheng ci sia lo sviluppo di alberghi di lusso, uno sbocco di mercato naturale per l'arredamento italiano di quel livello. In un settore diverso c'è la partnership con Vittorio Moretti del vino Bellavista (Franciacorta). Secondo Cheng, «cinesi e italiani hanno molti valori in comune, fra questi la cultura della famiglia come base dell'impresa, e la capacità di trasferire nel mondo della produzione la stessa creatività dei grandi artisti». La Cina di oggi in Occidente è ancora identificata come un Moloch della produzione di massa, «ma nel nostro Dna c'è il mobilio della dinastia Ming, raffinatissimo, e questo ci rende ricettivi verso la bellezza italiana». Non tutti i pregiudizi sui cinesi sono infondati, Cheng lo sa. È il primo a obiettare su certi magnati suoi connazionali «che investono in Occidente perché vogliono portare capitali fuori dalla Cina, diversificare il proprio portafoglio in termini di valute e di rischio». Non ripeterò, per non inquietare intere tifoserie, il suo pensiero su chi investe in squadre di calcio...

Cheng pensa di essere solo un precursore, l'avanguardia di un'evoluzione che ben presto coinvolgerà tanti altri: «Lo vedo attorno a me, a Hong Kong o Shanghai e Pechino: nella mia generazione c'è chi sta già superando la fase dei nuovi ricchi, dell'ostentazione sfacciata, dei consumi opulenti fini a se stessi, senza un'idea di sostenibilità. Ci vuole tempo per sviluppare un nuovo tipo di gusto e di sensibilità, ma poi il cambiamento avviene a gran velocità, soprattutto fra i giovani». Sarà un caso, ma questa filosofia s'inserisce in un contesto politico favorevole: da quando Xi Jinping ha scatenato le sue campagne contro la corruzione – schiaffando in galera molte centinaia di gerarchi comunisti –, farsi vedere in Lamborghini per le vie di

Pechino o con troppi accessori di Hermès e Louis Vuitton può diventare rischioso.

E comunque Cheng non vuole apparire uno snob: «L'eccellenza da sola non basta, io voglio riuscire a collegare questi gioielli italiani con i megatrend del commercio online e del consumo digitale». Il nome Nuo, mi spiegano i giovani coniugi, è l'acronimo di New Understanding Opportunities, ma in mandarino vuol dire anche «promessa». Per loro la promessa è di restare fedeli a un'idea italiana di eleganza sobria, che li ha sedotti.

La storia di Cheng è in parte eccezionale, non rappresentativa di tutta l'economia cinese. Non a caso, il giovane imprenditore viene da una famiglia di Hong Kong. L'isola cinese ha assorbito e rielaborato l'influenza coloniale inglese; pur essendo tornata alla madrepatria continua a distinguersi dalla Repubblica popolare, ivi compreso nelle proteste politiche. Al tempo stesso questa storia è tipica di un mondo cinese in rapida evoluzione, con una curva di apprendimento veloce, capace di spiazzarci. Non possiamo racchiuderlo in pochi stereotipi, perché subito si rivelano superati.

VII

Finanza, miti e leggende

È un vecchio ritornello: se devi alla tua banca un milione sei nei guai, ma se invece le devi un miliardo a essere nei guai è la tua banca. Se il debitore è l'America, e il suo banchiere è la Cina, la regola vale più che mai.

Tra i miei interlocutori europei – e anche tra qualche americano – incontro spesso l'idea che nella nuova guerra fredda sia Pechino ad avere l'arma finale, la superbomba che può schiantare l'avversario: il debito americano. «Dopotutto» sento dire da persone che si reputano bene informate «è la Cina che detiene la maggior parte dei buoni del Tesoro statunitensi. Se minaccia di non comprarli più, l'America è in ginocchio, va in bancarotta.» Questa leggenda metropolitana è tanto diffusa quanto fallace. Prima di tutto è clamorosamente inesatta dal punto di vista fattuale. Inoltre, chi crede in questa favola non capisce alcune regole fondamentali dell'economia.

Cominciando dai fatti: non è vero che sia la Cina il primo creditore degli Stati Uniti. La metafora della banca è divertente ma va riportata alla realtà. Le statistiche sul finanziamento del Tesoro Usa sono pubbliche, precise, aggiornate e trasparenti. Al primo posto nel finanziare il proprio debito federale ci sono gli americani stessi, a cominciare dai vari rami della loro Social Security (previdenza pubblica), poi attraverso la Federal Reserve, cioè la banca centrale. Sono questi enti nazionali che hanno di gran lunga il primato tra gli acquirenti di Treasury Bond e T-Bill (dietro questi termini ci sono titoli simili ai Bot e Btp, ma emessi a Washington).

Se guardiamo soltanto agli acquirenti stranieri, la Cina è stata risorpassata di recente dal Giappone, quindi nella lista dei «banchieri» è al quarto posto. L'arsenale cinese col passare degli anni è diminuito perché si è ridotto l'attivo commerciale di Pechino verso il resto del mondo, che è la fonte primaria di riserve valutarie. Stando agli ultimi dati del 2019 i buoni del Tesoro Usa posseduti dalla Cina erano 1112 miliardi di dollari contro i 1122 del Giappone. Si tratta di cifre considerevoli, senza dubbio, ma vanno viste nella giusta proporzione. Il totale del debito pubblico americano in circolazione sotto forma di titoli è arrivato a quota 22.000 miliardi nel 2019. La Cina dunque ne possiede poco più del 5 per cento. Quand'anche decidesse – in un gesto kamikaze, irrazionale e autodistruttivo, come spiegherò – di vendere d'un botto tutti quei bond per «far male all'America», cosa succederebbe? Una proiezione di vendita di 1500 miliardi di buoni del Tesoro (più di quanti ne abbia la Cina) ha misurato che farebbe salire dello 0,5 per cento i tassi d'interesse americani. Non certo un'Apocalisse. Peraltro, ogni anno la stessa Federal Reserve rivende sul mercato centinaia di miliardi di bond, una montagna di titoli pubblici che aveva comprato all'epoca del *quantitative easing* per contrastare la recessione. Alla Fed basterebbe sospendere quelle vendite per attenuare l'impatto del «sabotaggio cinese».

L'idea che l'America dipenda da un solo creditore è pura fantasia. Ma ancora più stravagante è l'idea che Pechino possa da un giorno all'altro smettere di comprare buoni del Tesoro americani. Anzitutto, un paese che accumula da decenni avanzi commerciali, quindi vede affluire in casa propria dollari, euro, sterline, yen, ha la necessità di gestire oculatamente le proprie riserve valutarie. Da circa settantacinque anni non c'è investimento più sicuro e più liquido del dollaro, e fra tutti gli investimenti in dollari i titoli pubblici sono i più solidi. Certo anche i titoli tedeschi, i Bund, sono sicuri: ma ce ne sono pochi sul mercato perché la Germania ha un bilancio in attivo; inoltre, dal 2019 i Bund danno rendimenti negativi. La banca centrale cinese danneggerebbe se stessa, gestirebbe male il proprio patrimonio, nuocerebbe agli interessi del proprio governo e dei propri cittadini se di colpo si lanciasse in un boicottaggio del Tesoro Usa.

Un'altra pressione ancor più stringente opera sulla Cina: una grande nazione esportatrice ha bisogno di acquirenti per i propri prodotti; smettere di far credito a chi compra la sua merce, impoverire il proprio cliente, è l'ultima cosa che un buon commerciante farebbe. *Dulcis in fundo*: la disaffezione dei cinesi dal dollaro farebbe calare la valuta americana, quindi renderebbe più care le esportazioni cinesi, e danneggerebbe proprio il made in China. Sarebbe puro autolesionismo mandare a picco il dollaro.

Infatti Pechino, quando è in difficoltà, tende a fare l'esatto contrario, cioè compra ancora più dollari per indebolire la propria moneta e rilanciare le esportazioni. E bisogna ricordare un'asimmetria che rende strutturalmente più fragile la Repubblica popolare: finché mantiene dei controlli sui movimenti di capitali, delle restrizioni sull'esportazione di valuta, la nomenklatura comunista rivela di non volersi sottoporre al giudizio dei mercati perché sa che i propri cittadini potrebbero mettere i risparmi altrove, da Tokyo a Singapore, da Londra a New York, a Zurigo, «votando con i soldi» per esprimere il proprio dissenso verso l'una o l'altra politica governativa. Per tutte queste ragioni la leggenda metropolitana sulla famosa «arma fatale» non ha senso.

Però, però... Se quella leggenda ha messo radici profonde nell'immaginario occidentale, una delle ragioni è che i cinesi hanno sempre tentato di accreditarla. A maggior ragione quando, nella grande crisi del 2008-2009, si sentirono traditi dall'America e temettero che il proprio modello di sviluppo trainato dalle esportazioni andasse a schiantarsi. È una storia che ricordo bene. La seguii giorno per giorno facendo la spola tra le due sponde del Pacifico: il 2009 fu l'anno in cui concludevo la mia vita cinese, e organizzavo il mio rientro negli Stati Uniti. Con un occhio seguivo l'allora presidente Hu Jintao, con l'altro, Barack Obama. Ricostruire le «montagne russe» di quel periodo, gli spasmi e le contorsioni dell'economia e dei mercati, serve per valutare l'evoluzione nei rapporti di forze America-Cina sul terreno della finanza. Perché una cosa è sicura: i mercati finanziari saranno uno dei terreni dove si svolgerà la nuova guerra fredda; il mondo delle Borse e delle valute, i flussi dei capitali saranno influenzati dalle prossime tappe della sfida tra le due superpotenze. Ricostruire gli antefatti degli ultimi dieci anni aiuta anche a capire che lo scontro stava maturando da tempo e non è solo legato a Trump.

Gennaio 2009. Destinato a diventare il presidente americano più inviso ai leader cinesi (molto più di Trump), Barack Obama si è insediato solo da pochi giorni alla Casa Bianca. La sua amministrazione esordisce attaccando la Cina. È proprio in quei giorni che sui mercati circola la domanda: cosa accadrebbe se Pechino reagisse smettendo di finanziare il debito pubblico americano? Lo spettro di una frattura nel legame finanziario sino-americano – «Chimerica» – fa capolino sul mercato più liquido del pianeta, quello dove si scambiano i buoni del Tesoro emessi a Washington. I rischi di una tensione commerciale Usa-Cina fanno tremare per qualche giorno i Treasury Bond trentennali, uno dei titoli più sicuri e tradizionalmente un bene rifugio per gli investitori. I T-Bond trentennali hanno subito vendite non appena il Senato americano ha diffuso il testo dell'audizione del neosegretario al Tesoro Tim Geithner nominato da Obama. Lì figura l'accusa alla Cina di «manipolare la propria valuta». È un'accusa forte, che nessun segretario al Tesoro dell'amministrazione Bush aveva mai voluto formulare apertamente. Può aprire la strada a ritorsioni commerciali contro il made in China.

Quello che ha spaventato i mercati è la voce secondo cui in una escalation protezionista Pechino potrebbe usare l'arma finanziaria, riducendo i suoi acquisti di buoni del Tesoro americani. L'ultimo ventennio di crescita dell'economia mondiale si è retto sulla complementarità fra Stati Uniti e Repubblica popolare: all'alto debito dei consumatori americani faceva da corrispettivo l'alto risparmio delle famiglie cinesi; i disavanzi commerciali Usa che andavano a gonfiare le riserve valutarie di Pechino venivano «riciclati» regolarmente dai banchieri centrali cinesi con la sottoscrizione dei titoli pubblici americani. A sua volta la Cina aveva un tornaconto evidente. Facendo credito agli Stati Uniti, alimentava la domanda per le sue esportazioni. Quel sistema si è parzialmente inceppato nei mesi del 2008-2009 che hanno visto il passaggio delle consegne tra George W. Bush e il suo successore democratico: la recessione è il modo fisiologico e brutale con cui l'economia americana riduce al tempo stesso consumi, importazioni e debiti delle famiglie. Ma alla riduzione del debito privato si accompagna un boom del debito pubblico, tanto più elevato quanto più è ampia la manovra di investimenti statali varata da Obama per contrastare la recessione.

Washington continuerà per molti anni ad avere bisogno di finanziatori esteri per il suo debito federale in forte crescita. E non è solo la possibile reazione della Cina a spaventare, ma la dimensione stessa del fabbisogno statale americano. Per effetto dei piani di salvataggio delle banche (700 miliardi di dollari) e di rilancio della crescita (825 miliardi), tenuto conto inoltre dei titoli in scadenza e di un disavanzo che già viaggia oltre l'8 per cento del Pil (in seguito arriverà al 12 per cento), nel 2009 il Tesoro americano deve emettere almeno 2000 miliardi di nuovi T-Bond. Un afflusso così consistente può essere una dura prova per l'appetito degli investitori, che finora nelle fasi di «fuga dal rischio» avevano assorbito voracemente i buoni del Tesoro facendone scendere i rendimenti (sotto lo zero per le scadenze più brevi).

Che cosa può avere indotto Geithner a rischiare un braccio di ferro col creditore cinese? Il neosegretario al Tesoro non è uno sprovveduto: ha già lavorato come alto funzionario di quel dipartimento sotto l'amministrazione Clinton, è stato al Fondo monetario internazionale, ha guidato la Federal Reserve Bank di New York, la più importante filiale operativa della banca centrale. Se in questa fase Geithner pensa di poter alzare la voce con i cinesi, è perché una vera crisi di sfiducia verso i T-Bond americani non è alle porte. I mercati non hanno alternative più sicure, se si eccettua un investimento poco liquido come l'oro. In Europa le crisi bancarie, il degrado delle finanze pubbliche e i downgrading di alcuni paesi mediterranei hanno reso gli investitori più riottosi ad acquistare buoni del Tesoro dell'area Pigs (Portogallo, Italia, Grecia, Spagna). Anche in Asia la congiuntura si deteriora a una velocità impressionante, con la crescita cinese quasi dimezzata (nell'ultimo trimestre del 2008 il Pil annuale era aumentato del 6,8 per cento. L'anno precedente, l'aumento annuale era stato del 10,6 per cento). In un quadro così desolante il dollaro è subito tornato al suo status di moneta-rifugio. L'indice che misura il valore del dollaro verso un paniere di valute (euro, yen, sterlina, franco svizzero, corona svedese, dollaro canadese) ha guadagnato il 18 per cento dal giugno 2008 al gennaio 2009. Incredibile ma vero: proprio mentre è la finanza tossica di Wall Street la causa scatenante della crisi sistemica, è lì a Wall Street che i risparmi di tutto il mondo affluiscono in cerca di salvezza.

Settembre 2011. I cinesi furono chiamati nel ruolo di «cavaliere bianco» negli Stati Uniti, nel bel mezzo del disastro sistemico del 2008: l'operazione più importante fu l'investimento da 1,2 miliardi di dollari nella banca Morgan Stanley colpita dalla tempesta; altri 650 milioni furono collocati dai cinesi nel fondo di private equity Blackstone; quote minori in Citigroup e Bank of America. Seguirono polemiche furibonde, in Cina, sulla saggezza di quelle operazioni. Nel momento peggiore, quando i grafici del Dow Jones erano precipitati ai minimi storici, i gestori cinesi furono accusati dalla propria *constituency* di avere bruciato risorse nazionali in un avventato quanto inutile soccorso alle banche americane. Già tre anni dopo il bilancio di quell'operazione è meno negativo.

I protagonisti di questa partita sono due colossi finanziari. In primo luogo c'è la «casa madre», l'ente di Stato che amministra le riserve valutarie della banca centrale. Queste riserve, risultato di anni di attivi commerciali che la Cina accumula con il resto del mondo, sono le più ricche del pianeta: nel 2011 raggiungono i 3200 miliardi di dollari. L'acronimo inglese di questo ente (State Administration of Foreign Exchange) è Safe, come «sicuro» o anche «cassaforte», ed è una sintesi efficace della sua filosofia di investimento. Alla velocità con cui le riserve della banca centrale vengono rimpinguate dai nuovi attivi commerciali, solo nel primo semestre del 2011 il Safe ha dovuto investire 275 miliardi di dollari. Questo significa che, se volesse, il Safe potrebbe sottoscrivere tutti i titoli pubblici italiani a scadenza nell'intero anno. Ma sarebbe poco «safe», per l'appunto: la banca centrale non a caso continua a reinvestire la maggioranza delle riserve in titoli di Stato americani. Malgrado i nervosismi suscitati a Pechino dal downgrading che Standard

& Poor's ha inflitto al Tesoro Usa, le quotazioni di mercato dei Treasury Bond a lunga durata reggono benissimo.

In quanto alla diversificazione dal dollaro verso le altre valute, per restare «safe» la banca centrale di Pechino privilegia Bund tedeschi e titoli del debito giapponese. I ripetuti annunci di massicci acquisti di bond dei paesi mediterranei da parte della Cina si sono rivelati sempre esagerati. Nel luglio 2010 voci di un sostegno alla Spagna ebbero un impatto effimero sui mercati (Safe acquistò 500 milioni di bond decennali, un investimento modesto). Nell'ottobre dello stesso anno il premier Wen Jiabao fece una visita ad Atene e anche in quel caso le aspettative di maxiacquisti di bond ebbero vita breve. Di reale ci fu l'ingresso del gigante della logistica cinese Cosco nella gestione portuale di Atene.

Qui subentra l'altra dimensione della strategia cinese, più aggressiva. Protagonista in questo caso è la China Investment Corporation (Cic), il fondo sovrano di Pechino. Le sue risorse provengono sempre dalla stessa fonte: le riserve valutarie della banca centrale. Però la Cic ha più libertà d'azione e funzioni diverse: una punta di diamante per la penetrazione della Cina nell'economia globale. Il suo statuto le attribuisce un «orientamento commerciale e obiettivi puramente economico-finanziari». La Cic è una società che deve rendere conto ai suoi azionisti (il governo di Pechino) e presentare dividendi a fine anno. Questo non esclude, tuttavia, che possa servire da *longa manus* per obiettivi strategici come l'acquisizione di tecnologie avanzate, know how manageriale, teste di ponte su mercati promettenti o in attività dove la Cina deve ancora acquisire un vantaggio competitivo. La Cic nasce nel 2007 con una dotazione iniziale di 200 miliardi di dollari, quattro anni dopo amministra già un portafoglio di acquisizioni di oltre 410 miliardi. La sua diversificazione verso gli investimenti in imprese è evidente negli Stati Uniti, dove i cinesi sono entrati come azionisti in Apple, Coca-Cola, Johnson & Johnson, Motorola, Visa. Geograficamente gli investimenti diretti restano focalizzati sugli Stati Uniti col 42 per cento, seguiti dall'Asia col 30 per cento, mentre l'Europa arriva solo al terzo posto col 22.

Anche l'Europa, comunque, ha un esempio della diversificazione verso attività industriali: profittando della crisi del 2008, i cinesi hanno acquisito dalla Ford il controllo della Volvo. In America non sempre le loro ambizioni sono assecondate. Per ben due volte Washington ha sbarrato la porta agli investimenti cinesi sotto Bush e Obama: quando tentarono di acquisire una compagnia petrolifera californiana (Unocal) e quando il colosso delle telecom Huawei cercò di comprare la 3Com, un'azienda che fornisce anche tecnologie militari al Pentagono.

Febbraio 2014. L'America è uscita dalla recessione in tempi record: già nell'estate del 2009. La Cina non c'è mai neppure entrata. Grazie a un robusto intervento del capitalismo di Stato, spingendo sugli investimenti in infrastrutture e in progetti edili, il governo di Pechino ha mostrato di aver studiato John Maynard Keynes: nelle depressioni tocca allo Stato farsi avanti. È in quel periodo, grazie a una performance così efficace, che ai piani alti della nomenklatura comunista diventa sempre più forte un complesso di superiorità, la convinzione che il proprio sistema politico sia migliore di quello occidentale. Ma all'inizio del 2014 è la Cina che dà segni di fragilità finanziaria. L'allarme lo lanciano gli americani: il detonatore potrebbe essere la svalutazione competitiva del renminbi (o yuan), la moneta cinese. Il suo deprezzamento a febbraio ne segna la più pesante caduta dal 2005. È una netta inversione di tendenza, dopo anni di lenta ascesa della valuta cinese.

Le conseguenze sono tante, politiche e finanziarie. A Washington cresce il coro di proteste contro il governo di

Pechino, accusato di non stare ai patti. E in un anno di elezioni legislative, molti parlamentari Usa invocano misure di ritorsione tariffarie e doganali per punire il made in China. *La Cina interviene per indebolire lo yuan* è un titolo del «Wall Street Journal». Il quotidiano non ha dubbi: «È la banca centrale cinese a spingere verso il basso». Tra le reazioni politiche da Washington c'è quella del capogruppo democratico al Senato, Charles Schumer: «La Cina deve consentire allo yuan di muoversi liberamente in base alle forze di mercato, anche se il mercato lo spinge al rialzo». Alla Camera un disegno di legge che infliggerebbe dazi punitivi sulle importazioni dalla Cina ha raccolto più della metà delle firme necessarie. Per ora l'amministrazione Obama non si pronuncia. Anche perché gli Stati Uniti non sono del tutto innocenti in fatto di svalutazioni competitive. Anzi, la «guerra delle monete», come la definì due anni prima il ministro dell'Economia brasiliano Guido Mantega, venne aperta proprio dalla Federal Reserve. La massiccia creazione di liquidità che la banca centrale Usa ha operato per rilanciare la crescita ha anche avuto come effetto collaterale l'indebolimento del dollaro.

Il «manuale» americano è stato successivamente studiato e copiato da altre banche centrali: ultima quella del Giappone, che ha manipolato anch'essa la moneta al ribasso, consentendo allo yen debole di aiutare l'export made in Japan. Naturalmente, sia Washington sia Tokyo respingono questi paragoni. Né la Fed né la Banca del Giappone «manipolano» direttamente le proprie valute, visto che i tassi di cambio vengono fissati dalla domanda e dall'offerta sui mercati globali (l'influenza delle banche centrali è indiretta, agisce sui tassi d'interesse, la creazione di liquidità, e sulle aspettative). Il caso della Cina è diverso perché il renminbi o yuan continua a essere una moneta solo parzialmente liberalizzata, il cui valore esterno è ancora orientato dal governo. Ci sono dei rischi macroeconomici se la Cina tenta di «esportare» i suoi problemi, ovvero di uscire da una fase di rallentamento della crescita rilanciando l'export attraverso la svalutazione competitiva.

Agosto 2015. La svalutazione dello yuan, in risposta al rallentamento della crescita cinese, è il primo vero test per la «relazione speciale» che si è instaurata da molti anni tra la Cina e l'Occidente. Le premesse furono il disgelo tra Richard Nixon e Mao Zedong (1972), poi le riforme capitalistiche di Deng Xiaoping negli anni Ottanta, ma la vera data chiave è il 2001, anno dell'ingresso di Pechino nella World Trade Organization che ne ha consacrato il ruolo nella nuova divisione internazionale del lavoro. Da allora, pur con frizioni ricorrenti, è prevalsa una oggettiva convergenza d'interessi. Il mercato americano è sempre rimasto molto aperto ai prodotti cinesi, in cambio Pechino ha diligentemente reinvestito il proprio attivo commerciale in titoli del Tesoro Usa. Al punto che si parlò di un implicito G2, un direttorio a due per governare il mondo.

Anche con l'Unione europea è aumentato il livello di interdipendenza-compenetrazione, come dimostrano i grandi investimenti cinesi nel Vecchio Continente, Italia inclusa. La Cina si è comportata da «azionista responsabile», le occasionali tensioni anche gravi (diritti umani, Tibet, cyber-attacchi, mire espansioniste verso Giappone e Filippine) non hanno mai impedito di obbedire alla regola *business is business*. Mai, però, una leadership cinese aveva dovuto fronteggiare una minaccia così seria come l'attuale, al benessere nazionale e dunque alla stabilità politica. Riuscirà a tenerle testa senza destabilizzare i rapporti con l'Occidente? Pechino resterà «azionista responsabile»?

Negli anni Ottanta grandi tempeste valutarie (nel triangolo dollaro-marco-yen) furono gestite all'interno del G7, ma erano tutti paesi alleati fra loro e sostanzialmente vassalli di Washington. Oggi la global governance è debole, rispetto alla posta in gioco. Nell'immediato, il problema che si porrà è quello di una svalutazione «ordinata» dello yuan. Perché i mercati hanno notoriamente una tendenza all'*overshooting*, e quando imboccano una strada tendono a esagerare. Moderare gli eccessi è nell'interesse di tutti, ma richiede un livello di concertazione Cina-Usa-Ue che non si può dare per scontato. Alla fine il risultato netto di una svalutazione è sempre questo: la caduta del renminbi rende nominalmente «più poveri» 1,3 miliardi di cinesi, il cui potere d'acquisto si riduce; rende più care le nostre esportazioni in quello che era stato per anni un mercato trainante; rende viceversa meno caro tutto ciò che la Cina produce.

Non è strano né insolito che un paese cerchi di trasferire i suoi problemi sui vicini. La Federal Reserve, dopo la crisi del 2008, cominciò a stampar moneta in quantità inaudite: 4500 miliardi di dollari. Uno degli effetti benefici di quella manovra (*quantitative easing*) fu la svalutazione competitiva del dollaro. L'euro schizzò oltre quota 1,50 sul dollaro. La ripresa americana ne fu aiutata. Con sei anni di ritardo, Mario Draghi riuscì finalmente a imitare la Fed, e fu il turno della Bce: stampar moneta, acquistare bond, indebolire l'euro. Ora lo fa la Cina. È difficile scomunicarla per questo. La sua macchina perde colpi, l'export cinese è calato dell'8 per cento nel 2015. Dopo la svalutazione del renminbi, il Fondo monetario rinvia l'ingresso della moneta cinese tra le sue valute di riserva. Quasi 1000 miliardi di dollari di capitali hanno abbandonato i paesi emergenti nel corso degli ultimi tredici mesi. Sono tre facce di uno stesso problema: le maggiori tensioni economiche globali oggi ruotano attorno alle difficoltà del dragone cinese. Nessuno può prescindere da questo shock, tutti devono incorporare nei loro scenari l'incognita della Repubblica popolare. Non che sia facile averne una stima affidabile: gli stessi dati sul Pil cinese vengono messi in dubbio da molti esperti. L'attuale crescita del 7 per cento, pur molto inferiore alla media degli ultimi due decenni, viene considerata inattendibile alla luce del pesante calo dell'import-export. Alcuni parlano di una crescita reale che sarebbe solo la metà del dato ufficiale. La decisione dell'Fmi si riferisce all'ingresso del renminbi o yuan nel paniere delle valute che formano i «diritti speciali di prelievo» dell'istituzione sovranazionale con sede a Washington. Per ora vi figurano solo dollaro, euro, sterlina inglese e yen giapponese.

Pechino punta alla «promozione» della sua moneta, un passo avanti significativo per rafforzare il ruolo globale della Cina. Per l'Fmi, però, il renminbi non è ancora una moneta come le altre, il suo valore continua a essere pilotato dal governo attraverso numerose restrizioni alla circolazione dei capitali. Perciò dell'ingresso del renminbi nel «paniere» Fmi si riparlerà fra qualche mese.

Il male cinese sta già contagiando vaste aree dell'economia mondiale. L'intero settore delle materie prime è in preda a un ciclo deflazionistico, con petrolio e rame in forte caduta: l'indebolirsi della domanda cinese provoca effetti a catena. Le fughe di capitali stanno scatenando svalutazioni in paesi diversi tra loro come l'Australia e l'Indonesia, Singapore e il Vietnam. Il Brasile è ormai prossimo a subire un nuovo declassamento del rating, i suoi titoli pubblici rischiano di diventare *junk-bond*, spazzatura. Nessuno si salva, fra quelle economie che erano state beneficiate dal traino della domanda cinese. Si riaffaccia all'orizzonte lo spettro di default sovrani, tanto più che le riserve valutarie accumulate dai paesi emergenti si stanno assottigliando a vista d'occhio. In quanto alle Borse, non rassicura nessuno il fatto che Pechino entri «a gamba tesa» nelle contrattazioni del mercato azionario, per arginare le cadute dei titoli. Molte società quotate alla Borsa di Shanghai hanno rivelato che di recente alcuni enti pubblici hanno fatto ingresso nel loro azionariato, rastrellando titoli sul mercato per frenarne la caduta. È un cordone sanitario organizzato dal governo centrale, una coalizione di aziende di Stato che vengono chiamate dagli operatori di Borsa «la squadra nazionale».

Gennaio 2016. Chiudo la Borsa, così la smette di scendere. Anzi no, la riapro. Lo sbandamento del governo cinese di fronte al crac spaventa tanto quanto i problemi dell'economia reale che gli fanno da sfondo. Lo spettacolo offerto dalle autorità di Pechino durante la nostra Epifania è sconcertante. Messo alle strette dalla fuga dei capitali dal mercato azionario di Shanghai, il governo ha reagito in modo incerto, contraddittorio. Il governo in sole quarantott'ore ha fatto tutto e il contrario di tutto. Ha usato mezzi amministrativi, editti dall'alto, per contrastare il crollo imponendo alle banche pubbliche di comprare titoli. Ha lanciato minacciosi proclami contro gli speculatori al ribasso. Ha usato generosamente i *circuit breaker*, espressione presa in prestito dagli impianti elettrici: «spezzacircuito» in inglese, in italiano sono i dispositivi salvavita che impediscono di morire fulminati. In Borsa sono meccanismi di interruzione automatica degli scambi, qualora le oscillazioni di prezzo eccedano una certa soglia. I *circuit breaker* esistono in molte Borse occidentali inclusa Wall Street. Ma le autorità cinesi ne hanno fatto un uso davvero abbondante. Fino a decidere la chiusura totale della Borsa, quando è scesa troppo. Infine il ripensamento. Con un dietrofront, le autorità hanno annunciato che la Borsa avrebbe operato normalmente, senza sospensioni. Il tira-e-molla non ha rassicurato nessuno.

A questo si è sovrapposto l'effetto della svalutazione. Anche sulla moneta nazionale, yuan o renminbi, il governo di Pechino sta giocando col fuoco. Ha iniziato a svalutarla nell'agosto 2015, presentando la sua decisione come un avvicinamento ai valori di mercato. Le autorità cinesi, a cominciare dalla banca centrale, hanno spiegato a più riprese di voler trasformare il renminbi in una moneta pienamente convertibile, il che comporterebbe lo smantellamento delle restrizioni sui movimenti di capitali. Decisione benaccetta al Fondo monetario internazionale, che infatti nel novembre 2015 ha premiato la Cina inserendo il renminbi nelle sue valute ufficiali insieme a dollaro, euro, yen e sterlina. Ma questo ha generato negli investitori il sospetto che il presidente Xi Jinping voglia anche aiutare l'industria esportatrice con un renminbi debole. È scattata la spirale delle aspettative: gli investitori ora si attendono che la valuta cinese vada più giù. E allora preferiscono uscire dalla Borsa di Shanghai per non subire perdite su titoli espressi in una moneta che sta calando. Anche i risparmiatori cinesi considerano urgente mettersi al riparo.

Come si spiegano i molteplici errori commessi in quei mesi da Xi Jinping e dalle varie autorità responsabili per il governo dell'economia, inclusa la banca centrale, che non è indipendente dal potere politico? Una spiegazione chiama in causa la curva di apprendimento. I leader cinesi hanno mostrato competenza ed efficacia in altri campi dello sviluppo economico, ma la finanza globale è un mondo ancora in parte nuovo per loro. Inoltre questa classe dirigente ha conosciuto trent'anni di boom, ora deve fare i conti con la prima vera crisi da quando la Cina è un colosso mondiale. Ha avuto solo due episodi di «quasi-crisi»: l'epidemia Sars del 2003, quando l'economia cinese temette l'isolamento (durò pochi mesi); poi la Grande Contrazione americana del 2008-2009 che ha avuto pesanti contraccolpi sull'export cinese. Di fronte all'attuale rallentamento del 2015-2016, Xi Jinping preferirebbe non riutilizzare quella terapia di spesa pubblica che ha gravato il sistema economico di troppi debiti, opere inutili, cattedrali nel deserto, inefficienze e corruzione. Tenta di reagire a questa crisi con terapie nuove. Il suo «addestramento» avviene in volo, nel mezzo di turbolenze serie. C'è poi il problema del consenso, che anche un regime autoritario deve porsi. Centinaia di milioni di cinesi hanno investito i loro risparmi in Borsa. Questa Cina sta imboccando una transizione delicata, verso un orizzonte che si potrebbe riassumere così: crescere meno ma crescere meglio. Prima di arrivarci, però, può incappare in tempeste violente.

6 agosto 2019. Un balzo avanti di tre anni ed eccoci nell'era Trump. La guerra dei dazi si arricchisce di un nuovo capitolo. Tra Washington e Pechino sono cominciate le prove generali di una guerra parallela, quella delle valute. Tutto è iniziato con la mossa della banca centrale cinese che ha fatto scivolare per la prima volta la parità dollaro-renminbi sotto la quota simbolica di 7 a 1, che non era stata varcata da anni. L'indebolimento del renminbi-yuan è una mossa con cui Xi può tentare di compensare l'effetto dei dazi Usa. Le tasse doganali americane automaticamente rincarano il made in China, la svalutazione competitiva ha l'effetto opposto. Arriva la reazione di Washington: per la prima volta dal 1994, e quindi per la prima volta da quando la Cina si è integrata nell'economia globale, il Tesoro Usa la denuncia ufficialmente come una nazione che «manipola la valuta», aprendo la strada in teoria a nuove misure sanzionatorie. È la dichiarazione formale di una guerra delle monete che può prolungare e amplificare quella dei dazi. È un tassello aggiuntivo in un armamentario giuridico che legittima le future ritorsioni americane.

Lo squilibrio nell'interscambio tra i due paesi continua a essere enorme: 167 miliardi di dollari è stato il deficit bilaterale americano nella prima metà di quest'anno. È però in calo, in questo senso i dazi stanno funzionando: le importazioni americane dalla Cina si sono ridotte del 12 per cento. Xi Jinping ha meno spazio di manovra del suo omologo: poiché Pechino importa un quinto di quel che esporta in America, la sua capacità di replicare colpo su colpo con i dazi si sta già esaurendo. Un'alternativa è compensare i dazi Usa rendendo meno care le merci cinesi attraverso la svalutazione. La guerra delle monete finora era stata evitata, perché ha delle controindicazioni. La Cina è anche una grossa importatrice di materie prime, petrolio in testa, che paga in dollari. Se deprezza il renminbi, è automatico il rincaro della sua bolletta energetica.

Un altro rischio è la fuga di capitali. I risparmiatori cinesi, impauriti dalla svalutazione della propria moneta, possono cercare di diversificare i propri portafogli aumentando i titoli stranieri. Esportare capitali dalla Cina non è facile come da un paese occidentale, però ci sono strade per aggirare le restrizioni valutarie e in passato sia i risparmiatori sia le imprese cinesi vi hanno fatto ricorso nei momenti di paura. Questo si collega con la denuncia del Tesoro Usa sulla manipolazione valutaria. Una premessa di quella denuncia è che il renminbi sia effettivamente manipolabile, cioè controllato dalla banca centrale e quindi dal governo di Pechino (l'autorità monetaria in Cina non è indipendente dall'esecutivo). Nella realtà la valuta cinese naviga in un sistema ibrido. In parte risponde alle forze di mercato, domanda e offerta, come il dollaro o l'euro, lo yen giapponese o la sterlina britannica. In parte è la People's Bank of China (Pboc, nome ufficiale della banca centrale) a dirigerne le oscillazioni. Questo modello ibrido si traduce anche nell'esistenza di due mercati valutari, uno a Hong Kong e uno a Shanghai, con cambi diversi e anche tassi d'interesse diversi. La transizione della Cina verso una libera fluttuazione del cambio sembrava avviata alcuni anni fa. Poi gli scossoni di Borsa – con relative fughe di capitali – convinsero Xi a ripristinare dei controlli sulle uscite di capitali.

Che cos'è il dollaro, oggi? Perché la centralità di questa moneta ha resistito al declino relativo dell'impero americano? Quanto potrà durare ancora la sua supremazia? Sono domande che a stagioni alterne il mondo intero si pone dagli anni Settanta. Oggi il meccanismo della trappola infernale che sembra spingere America e Cina verso lo scontro su molti terreni rilancia gli interrogativi sul «privilegio esorbitante» del dollaro. Sul fatto, per esempio, che gli Stati Uniti possono stamparne a volontà sapendo che il resto del mondo «deve» accettarli. E che poi gli stessi Stati Uniti possono sottoporre gli altri paesi – proprio in virtù del fatto che usano il loro dollaro – a sanzioni economiche decise e applicate in modo unilaterale. L'Europa, pur essendo legata da amicizia e trattati di alleanza con gli Stati Uniti, ha più volte dato segni d'insofferenza verso il dominio del dollaro (fin dai tempi di Charles De Gaulle). Figuriamoci la Cina, ora che il clima da nuova guerra fredda avvelena i suoi rapporti con l'altra superpotenza.

Per parlare del dollaro, provo a seguire il viaggio di una di queste banconote, un po' reale un po' virtuale, visto che oggi i mezzi di pagamento digitali le stanno sostituendo. Un consumatore americano entra in un ipermercato Walmart del Texas e compra un apparecchio radio. Ovviamente è made in China. Quel semplice gesto è l'inizio di un viaggio che trasporta dollari in giro per il pianeta. Nella tappa successiva le banconote verdi vengono trasferite dall'azienda cinese alla sua banca centrale; quest'ultima usa dollari per finanziare investimenti nelle risorse naturali della Nigeria. Il paese africano spende la valuta pregiata per acquistare riso dall'India. Che compra petrolio dall'Iraq. Da Baghdad, parte un pagamento per armi made in Russia. Un oligarca russo esporta capitali in Germania, da Francoforte un fondo pensioni tedesco li piazza a Londra. Un'azienda britannica va a caccia di opportunità sul mercato degli Stati Uniti. Alla fine la banconota verde torna nelle mani del consumatore iniziale: il quale lavora come portiere in un albergo e se la vede consegnare (restituire?) come mancia da un cliente di passaggio.

Questo «giro del mondo in 80 giorni» alla Jules Verne, con un pezzo di carta al posto dell'intrepido viaggiatore Phileas Fogg, è l'artificio letterario escogitato dalla economista inglese Dharshini David per raccontare il ruolo della moneta nell'economia globale, svelarne gli arcani, evidenziare i problemi, nel libro *Il mondo in un dollaro. Il viaggio di una banconota dal Texas alla Cina, dalla Nigeria all'Iraq per capire l'economia globale* (UTET, 2019). Non tutti i passaggi da un paese all'altro coinvolgono banconote: a volte si tratta di dollari virtuali, trascritti dal bilancio di un'azienda a una banca e viceversa, valuta elettronica. Carte di credito, Paypal, smartphone usati come portafogli, Bitcoin e Libra (la criptovaluta di Facebook), la concorrenza si fa sempre più agguerrita. Non sottovalutiamo però la carta: la David rammenta che «i presidenti morti – come vengono chiamate le banconote da un dollaro con la faccia di George Washington – vengono stampati ogni giorno al ritmo di 17 milioni, solo per il taglio da un dollaro; complessivamente ci sono 11,7 miliardi di biglietti verdi nei portafogli, nei Bancomat, nelle casse dei negozi; e la metà si trovano al di fuori degli Stati Uniti».

La David è affascinata dal dollaro per diverse ragioni. «Da bambina, figlia di due viaggiatori,» i suoi genitori sono di origini indiane «mi colpiva vederlo usato in ogni angolo del pianeta, dal Brunei alle Barbados.» Poi c'è la sua passione per l'economia, un inizio di carriera universitaria, un lavoro nella finanza della City di Londra. La sua formazione accademica le ispira qualche digressione storica, il viaggio del dollaro si può anche fare all'indietro nel tempo: «All'origine non fu americano, l'antenato di questa parola è il tallero d'argento usato in Boemia nel XVI secolo. Tradotto in inglese diventa dollaro nel *Macbeth* di Shakespeare, 1606. I dollari furono usati da spagnoli e portoghesi, i *conquistadores* li coniavano con l'argento delle miniere del Messico; da lì agli Stati Uniti, che adottarono il dollaro per disfarsi della sterlina inglese dopo l'indipendenza, e ne fecero l'unica moneta ufficiale dal 1792». Il viaggio contemporaneo in cui la David ci guida serve a illustrare la circolarità dell'economia mondiale, i flussi di liquidità e finanza che sono il sistema sanguigno, i vasi comunicanti della globalizzazione. «Il dollaro» spiega la Davis «non è una moneta qualsiasi, è anche la faccia della potenza americana e degli interessi americani. Inoltre è diventato uno dei modi più sicuri per custodire valore; è la valuta di riserva del mondo intero; l'agente della globalizzazione.» L'autrice ricorda quante volte abbiamo sentito profetizzare «il declino del dollaro», magari come auspicio da parte di leader e potenze rivali dell'America.

Nessuna di queste profezie si è realizzata finora, neppure quando è stata la Cina a sostenere apertamente l'ascesa del suo renminbi come moneta internazionale. Ma siamo sinceri: chi di noi vorrebbe investire i soldi della pensione in renminbi? C'è un paradosso evidente, perché da settantacinque anni in qua la supremazia economica, tecnologica, politica e militare degli Stati Uniti ha subito una costante erosione. Il divario enorme che separava l'America dall'Europa o dalla Cina sul finire della seconda guerra mondiale si è ridotto in modo sostanziale. Eppure non esiste moneta in grado di competere con la sua. Il dollaro è uscito tutt'altro che malconcio dallo shock sistemico del 2008. La terapia vincente fu stampare dollari, sia pure tecnicamente elaborata in modo più sofisticato con gli acquisti di bond (*quantitative easing*). Stampando dollari, l'America ha tirato fuori dalla crisi se stessa e in parte anche gli altri.

È una storia di cui oggi comincia a emergere l'altra faccia: il rischio che la festa finisca male, quando la macchina della liquidità si ferma. Di certo, però, non siamo passati da un'egemonia monetaria americana a una cinese. «Il dollaro è la nostra moneta ma è il vostro problema» lo disse nel 1971 John Connally, segretario al Tesoro Usa, quando l'amministrazione Nixon decise di sganciare il dollaro dalla parità con l'oro e precipitò il mondo in un decennio di iperinflazione, tassi alle stelle e tempeste finanziarie. È una battuta che oggi nessun dirigente americano ripete, ma che riflette fedelmente il dilemma in cui si trova la Cina. La terapia d'urto applicata dalla banca centrale americana sotto la guida di Ben Bernanke, durante la presidenza Obama, fu decisiva e operò una miracolosa guarigione dell'economia globale. In passato l'attenzione si era concentrata soprattutto sugli effetti benefici per l'economia americana.

Lo storico dell'economia Adam Tooze nel saggio *Lo schianto* (Mondadori, 2018) ha illustrato la dimensione internazionale di quella terapia. La Fed operò come la banca centrale del mondo intero, la sua creazione di liquidità esportò credito e crescita ai quattro angoli del pianeta. La Fed fornì 4500 miliardi di liquidità a Europa, Asia, America latina. I suoi meccanismi di *swap* agirono come ciambelle di salvataggio per banche centrali di molti paesi emergenti, dal Brasile al Messico, da Singapore alla Corea del Sud. Dieci anni dopo la crisi, uno dei risultati è che il dollaro ha rafforzato la sua centralità: oggi è la valuta-àncora per un numero di paesi che rappresenta il 70 per cento del Pil mondiale, mentre nel 2008 si limitava al 60 per cento. Un altro risultato è che gran parte della crescita nei paesi emergenti nell'ultimo decennio è stata finanziata da uno tsunami di crediti in dollari a buon mercato. Il Fondo monetario internazionale ha calcolato che 260 miliardi di dollari di investimenti nelle Borse dei paesi emergenti si spiegano con gli effetti della politica monetaria espansiva praticata a Washington. Sua maestà il dollaro replica il dominio incontrastato che fu della sterlina, e scalzarlo non è facile. Né dobbiamo augurarci che questo avvenga finché non abbiamo chiare le idee su come sostituirlo.

Di questi tempi se uno ascolta il discorso pubblico dentro l'establishment globalista ha un'immagine dell'America come di un paria: una nazione che per colpa del suo presidente scivola verso l'isolamento, taglia i ponti con gli alleati di sempre, precipita il mondo verso una serie di catastrofi (economica, ambientale), e così facendo accelera anzitutto il proprio declino, oltre a creare gravi problemi a tutti gli altri. Ma il discorso dell'establishment globalista ha una contraddizione interna. I capitalisti votano con i capitali. E i capitali volano in America più che mai. In un solo mese, giugno 2019, gli investitori esteri hanno acquistato titoli Usa, azionari e obbligazionari, per un totale di 64 miliardi di dollari. È il massimo dall'agosto 2018, è un valore che si situa nella fascia altissima. Non conferma affatto l'immagine di un'America isolata, in difficoltà, in declino. Anzi: semmai rilancia il tema della «eccezione» americana, di un paese che riesce ancora a rappresentare un'oasi di stabilità e di sicurezza in un mondo caotico, imprevedibile. Del resto, il flusso di capitali che inondano Wall Street e Washington (quest'ultima in quanto sede del governo federale che emette i Treasury Bond) si riflette fedelmente nella forza del dollaro, ai massimi storici.

All'attrazione irresistibile degli Stati Uniti concorrono diversi fattori, alcuni strutturali e altri congiunturali. Cominciando dai secondi: banalmente gioca il fatto che nel 2019 i titoli pubblici americani continuano a offrire rendimenti positivi, sia pur decrescenti, mentre quelli tedeschi sono negativi. Chi mette i suoi risparmi in un Bund tedesco di fatto paga il governo di Berlino per custodirgli quei soldi; chi li presta allo Zio Sam, invece, riceve un interesse. L'altro dato congiunturale è il differenziale di crescita: l'economia americana rallenta, ma nel 2019 è al decimo anno di ripresa ed è pur sempre su una velocità di crociera di +2 per cento di aumento del Pil, mentre l'Eurozona scivola verso l'ennesima recessione. Se tra le opzioni per gli investitori internazionali allarghiamo il ventaglio includendo l'Asia e i paesi emergenti, il discorso non cambia molto. Cina e Giappone sono gli altri giganti economici, ambedue però sono ben più vulnerabili al protezionismo di quanto lo siano gli Stati Uniti. I paesi esportatori hanno molto più da perdere nella guerra dei dazi.

Infine, passando ai fattori strutturali, ancora nessuno – certamente non la Cina – è in grado di offrire un mercato dei capitali così liquido, così efficiente, così sicuro come quello americano. Mi riferisco all'efficienza e alla sicurezza nelle transazioni quotidiane; il che non esclude catastrofi come quella del 2008. Però dalla grande crisi del 2008 siamo usciti con un ruolo paradossalmente rafforzato del dollaro nell'economia mondiale. La Cina si rende conto perfettamente che nella sfida con l'America deve aumentare la propria appetibilità come mercato finanziario. Lo sa e ci prova. Nel settembre 2019 Pechino ha abolito ogni limite agli investitori istituzionali stranieri, cioè banche e fondi comuni, hedge fund e fondi pensione (da non confondersi con le industrie multinazionali, i cui capitali quando costruiscono fabbriche si definiscono «investimenti diretti»). Prima i capitali esteri erano soggetti a un tetto massimo di 300 miliardi di dollari. Ma in realtà quel tetto non è mai stato raggiunto, il massimo di investimenti finanziari stranieri in Cina è arrivato a 111 miliardi, poco più di un terzo di quello che era consentito.

Sono molte le ragioni per cui i grandi gestori della finanza mondiale investono in Cina con cautela. Tutte si ricollegano in qualche modo alla politica, alla natura del suo sistema autoritario. C'è il timore di affidare i risparmi a un paese in cui il governo risponde solo a se stesso e può indurire a piacimento le restrizioni sui movimenti di capitali, può manipolare il tasso di cambio, può intervenire con misure dirigiste sulle quotazioni di Borsa. Tutto ciò che ha fatto la forza della Repubblica popolare si traduce in una speculare debolezza: alla fine, i metodi dirigisti hanno consentito alla Cina di uscire indenne dalla recessione occidentale del 2008, e le hanno permesso anche di superare le paure dei mercati finanziari nel 2015-2016. Mantenendo un sistema finanziario meno aperto, meno soggetto ai capricci dei mercati, Pechino ci ha guadagnato in termini di sicurezza. Al tempo stesso ha confermato tutte le diffidenze degli investitori internazionali. Si aggiunge l'assenza di uno Stato di diritto, per cui in caso di controversie un investitore estero non sa quanto sarà tutelato: è una delle ragioni per cui Hong Kong è stata a lungo considerata come un'eccezione «preziosa» per la stessa Repubblica popolare, una sorta di porto franco finanziario dove valgono i criteri della legalità occidentale. C'è infine, dietro la prudenza degli investitori stranieri, il grande dubbio sull'opacità della finanza cinese, l'ammontare dei debiti nascosti, l'esistenza di un sistema bancario «ombra». L'Institute of International Finance ha stimato che dal 2005 al 2018 i prestiti bancari alle imprese cinesi sono saliti dal 112 al 152 per cento del Pil. C'è un debito privato che supera il debito pubblico, e non ha la trasparenza a cui siamo abituati nelle economie di mercato.

La Cina di Xi finora ha fatto una scelta di campo: tra il binomio libertà-instabilità, che è tipico della finanza americana, e un sistema più chiuso ma più controllabile dal governo, ha preferito il secondo. Ne va della sopravvivenza del regime: se Xi lasciasse ai suoi cittadini la libertà totale di esportare i risparmi all'estero, una «sfiducia del denaro» potrebbe diventare l'equivalente di una sconfitta elettorale, un segno visibile di perdita di consenso. Il modello chiuso, o semichiuso, ha una sua coerenza interna, una logica stringente. La sfida tra i due universi paralleli della finanza, l'occidentale e il cinese, è un'altra faccia del conflitto generale verso cui stiamo scivolando.

VIII

Hong Kong, frammento di Occidente alla deriva

Prima di avviare il lungo negoziato diplomatico per il ritorno dell'isola di Hong Kong alla Repubblica popolare, nel 1982 il leader cinese Deng Xiaoping aveva detto al premier britannico Margaret Thatcher: «Potrei entrare a Hong Kong e prendermela con la forza in un solo pomeriggio». La Lady di Ferro gli rispose: «E io non potrei impedirglielo, ma il mondo intero vedrebbe il vero volto della Cina». Questo scambio di battute fu raccontato dalla Thatcher nelle sue memorie. Il diplomatico che guidava la delegazione cinese, Lu Ping, in seguito confermò quel dialogo e un retroscena inquietante. In segreto Deng aveva dato ordine all'Esercito popolare di liberazione di preparare i piani di un'invasione. L'opzione militare fu presa seriamente in considerazione dal regime di Pechino anche se in parallelo trattava con gli inglesi una restituzione concordata della loro ex colonia. Alla fine, però, lo stesso leader comunista che nel 1989 non esitò a schiacciare nel sangue il movimento di piazza Tienanmen, con Hong Kong preferì usare i guanti di velluto.

Mentre sto scrivendo, Xi Jinping sembra aver scelto lo stesso approccio di Deng. Mesi di proteste per le strade di Hong Kong, spesso indirizzate proprio contro il governo di Pechino, non hanno innescato una risposta di tipo militare. A pochi chilometri da Hong Kong, là dove comincia la terraferma e la madrepatria cinese, Xi ha inviato truppe e reparti speciali di polizia antisommossa. Però, almeno fino alla fine di settembre 2019, li ha usati con parsimonia, come una esibizione di forza, un dispiegamento minaccioso e dissuasivo, lasciando che fosse la polizia locale a reprimere le manifestazioni. Se una rivolta simile fosse accaduta in una città della Cina continentale – peggio ancora se in Tibet o nello Xinjiang – non c'è dubbio che la risposta delle autorità centrali sarebbe stata ben più rapida e violenta. Perché Hong Kong continua ad avere diritto a un trattamento diverso? Cosa la rende così speciale? E al tempo stesso, perché le sue periodiche rivolte non hanno mai contagiato il resto della Cina? Hong Kong ha questa capacità: sorprende tutti, regolarmente. Le autorità cinesi sembrano spiazzate ogni volta che esplode la sua rabbia. Gli osservatori occidentali tendono a sopravvalutarne l'impatto sulla madrepatria. Nel clima della nuova guerra fredda, anche il caso Hong Kong è uno dei dossier caldi che guastano i rapporti tra la Repubblica popolare e l'Occidente. Noi giudichiamo Xi anche dal modo in cui reagisce a questo focolaio d'instabilità. Lui giudica noi, osservando quanto vogliamo «interferire» in quella che considera una questione interna. Infine, siamo tutti interessati (Xi per primo) a capire se l'agitazione di Hong Kong sia il segnale precursore di un fenomeno più ampio, o se sia destinata a rimanere isolata, e magari a spegnersi lentamente. Fino alla prossima rivolta.

Non pretendo di avere certezze, ma un po' di memoria storica sì. Per cercare di far luce sull'enigma di Hong Kong è utile ricordare che l'ex colonia britannica è un vulcano dalle eruzioni frequenti. L'esplosione della piazza nel 2019 è solo l'ultima di una lunga serie. I miei taccuini di viaggio, gli appunti che ho conservato dai miei reportage, anno dopo anno mi restituiscono una «serie storica». È in questa catena di eventi che si possono cercare la genesi, gli antefatti, le chiavi d'interpretazione dell'enigma. Rileggere i miei appunti di tanti anni fa dà l'impressione di un *déjà vu*, come se le eruzioni fossero spettacolari, ma sempre uguali a se stesse. In realtà, osservando la conformazione finale del vulcano, ci si accorge che c'è stato un progressivo scivolamento. La crisi del 2019 assomiglia a quelle che l'hanno preceduta, sì. Ma Hong Kong è diversa. Il suo peso, la sua forza contrattuale, non sono più gli stessi.

7 agosto 2006.

Tre anni fa, il 1° luglio 2003, scesero in piazza cinquecentomila persone (quasi un decimo dell'intera popolazione) per chiedere una vera riforma politica. Pechino reagì con la diffidenza e la demonizzazione. Hu Jintao dichiarò che a Hong Kong erano al lavoro «forze antipatriottiche, anticinesi, manovrate dall'estero, per fare dell'isola una base sovversiva contro l'intera nazione». Il regime ebbe il timore che da Hong Kong potesse partire una «rivoluzione arancione» come quelle che stavano agitando l'Ucraina e la Georgia. Nel 2005, il governatore – che ufficialmente si chiama «chief executive», come l'amministratore delegato di un'azienza – Tung Chee Hwa fu costretto a dimettersi e venne sostituito dal sessantaduenne cattolico Donald Tsang Yam-kuen, formatosi nel civil service britannico, altrettanto obbediente a Pechino ma più abile nel dialogo con la popolazione.

Quando torno, nell'estate del 2006, siamo di nuovo in un'emergenza: la libertà vigilata di Hong Kong, unica città senza censura nella Cina autoritaria, rischia di avere i giorni contati. L'amministrazione filocinese ha varato una legge che concede poteri senza precedenti alla polizia locale per compiere operazioni di spionaggio sui suoi cittadini, ivi compresi i politici dell'opposizione e i giornalisti. Tutti potranno essere messi sotto sorveglianza con l'uso di mezzi elettronici quali microspie nelle case o il monitoraggio delle email. In questo modo Hong Kong può diventare un po' più simile a Pechino e Shanghai.

La legge può essere il preludio di una svolta autoritaria nella ricca città-isola, centro finanziario di importanza internazionale, che fino al 1997 era stata una colonia britannica. Nei nove anni dopo il passaggio di Hong Kong alla Cina il governo di Pechino ha tollerato che la città rimanesse assai diversa dal resto del paese: la stampa finora non è sottoposta al bavaglio, il diritto di manifestare e di dissentire è garantito. Fin qui il regime cinese ha mantenuto gli impegni contenuti negli accordi bilaterali firmati dalla Thatcher e dal leader comunista Deng Xiaoping quando decisero il trasferimento di sovranità. Il rispetto della diversità di Hong Kong è sempre stato considerato un test sull'affidabilità della Cina popolare, tanto più che la città-isola è la più grossa Borsa asiatica dopo Tokyo, è una piazza bancaria mondiale ed è sede di un'ampia comunità di businessmen occidentali. Le libertà di Hong Kong sono l'eredità dello Stato di diritto lasciato dagli inglesi, ma hanno un limite che può rivelarsi fatale: la mancanza di autogoverno. I comunisti cinesi non hanno torto quando denunciano l'ipocrisia degli inglesi: finché Hong Kong fu una colonia, non ebbe mai la democrazia che vigeva a Londra. La Gran Bretagna si «appassionò» ai diritti politici dei cittadini locali solo al momento del loro passaggio alla sovranità cinese. L'autorità amministrativa dell'isola dopo il 1997 risponde a un Parlamento locale che soltanto per metà viene eletto dai cittadini; l'altra metà viene nominata da corporazioni socioeconomiche e professionali, che di fatto fungono da cinghia di trasmissione per l'influenza di Pechino.

Le conseguenze della sovranità limitata si misurano in questa estate del 2006. L'assemblea legislativa ha approvato una legge potenzialmente liberticida. La normativa rende costituzionale lo spionaggio dei cittadini e ogni forma di sorveglianza elettronica da parte della polizia. È stato l'epilogo di una battaglia parlamentare forsennata, senza precedenti nella storia di Hong Kong: 57 ore e mezza di sessione con un tenace ostruzionismo dell'opposizione democratica, che ha presentato duecento emendamenti. Il governatore Donald Tsang ha cercato di rassicurare i suoi concittadini dichiarando che «il nuovo sistema di regole è altrettanto buono di quelli in vigore nelle giurisdizioni più democratiche del mondo». Il responsabile della polizia Lee Siu-kwong ha definito la riforma «una legge importante per mantenere l'ordine e la sicurezza». Non è evidente però che l'ordine e la sicurezza siano in pericolo a Hong Kong. La città non ha alti indici di delinquenza. Le attività criminali di rilievo sono legate alle Triadi, che notoriamente hanno collusioni con pezzi della nomenklatura cinese nella limitrofa regione del Guangdong.

Non è questa la minaccia che sta a cuore a Pechino. Il regime comunista è infastidito dal fatto che a Hong Kong si svolgano regolarmente manifestazioni per la democrazia, o in onore degli studenti massacrati in piazza Tienanmen nel 1989. Inoltre la libera stampa di Hong Kong è diventata il mezzo privilegiato per quei cinesi che vogliono divulgare notizie proibite nel loro paese. Nel Guangdong, ogni volta che ci sono scioperi operai o proteste contadine, gli attivisti chiamano i giornalisti di Hong Kong. E da quando Hong Kong è parte integrante della Repubblica popolare, il turismo dei cinesi nell'isola è cresciuto esponenzialmente. Se non è Pechino a normalizzare Hong Kong, un giorno potrebbe essere la città anomala a «contagiare» il resto del paese? Oltre ai tanti cittadini desiderosi di mantenere la propria libertà, a Hong Kong esiste ancora un tessuto di funzionari pubblici formatisi sotto l'amministrazione britannica, che resistono alla normalizzazione cinese. Ma da tempo sull'isola operano in segreto reti di poliziotti e spie di Pechino, la cui attività è diventata sempre più intensa negli ultimi anni. Il governo cinese ha seguito con nervosismo le manifestazioni oceaniche del 2003, quando gran parte della città è scesa in piazza per rivendicare elezioni «vere», cioè il diritto a votare per eleggere la totalità dei deputati. È uno strappo democratico che Pechino ha sempre rinviato, per mantenere il controllo sull'isola e non creare pericolosi precedenti verso il resto del paese.

25 marzo 2007.

Quando i programmi della Cnn in Cina subiscono dei blackout, vuol dire che sta succedendo qualcosa di interessante. Da qualche giorno i notiziari della rete americana hanno dei vuoti improvvisi – provocati ad arte dalla tecnologia dei censori di Pechino – ogni volta che coprono le elezioni di Hong Kong. Oggi, infatti, per la prima volta nella storia l'isola ex britannica vota secondo regole «quasi» democratiche per eleggere il suo governatore.

In realtà, il risultato è scontato. L'uomo gradito a Pechino, il governatore uscente Donald Tsang, ha la vittoria in tasca. Secondo il complicato sistema politico di Hong Kong non sono i 7 milioni di cittadini residenti a potersi scegliere il governatore. Questo potere è in mano a 800 «grandi elettori», che in teoria dovrebbero rappresentare la cittadinanza, di fatto sono scelti soprattutto negli ambienti finanziari, industriali e commerciali con legami d'interesse verso la Cina. Il parlamentino dei grandi elettori subisce quindi un'influenza pesante dal governo di Pechino.

Tuttavia, pur con questi limiti, la voglia di democrazia di Hong Kong si fa sentire a ogni livello. Per la prima volta lo scrutinio di oggi è un vero ballottaggio: ben 132 degli 800 grandi elettori hanno designato in anticipo il rivale di Tsang, l'avvocato democratico Alan Leong, che quindi può sfidare il governatore uscente in un duello. Un'altra novità è altrettanto significativa. Lo stesso Tsang ha cercato di rispondere alla domanda di partecipazione che viene dal basso (in tutti i sondaggi emerge che il 60 per cento della popolazione vuole una democrazia compiuta). In una recente intervista con la stampa estera ha promesso che entro cinque anni proporrà riforme politiche per soddisfare la sete di rappresentanza. Non è chiaro come riuscirà a farlo senza scontentare i suoi referenti a Pechino. Tsang ha mostrato coraggio quando ha rilevato che nel vicino Guangdong la gente guarda con ammirazione ai diritti privilegiati dell'ex colonia britannica. Ha detto inoltre che, quando le tv di Hong Kong – libere da ogni censura – sono andate a intervistare la popolazione del Guangdong, spesso si sono sentite chiedere: «Perché noi cinesi non possiamo scegliere i nostri governatori come fate voi?». Anche la conferenza stampa di Tsang è stata opportunamente oscurata dalle reti televisive della Repubblica popolare.

Il sistema politico di Hong Kong è uno strano ibrido, frutto di molti compromessi. Quando l'isola era amministrata dal Regno Unito il governatore locale veniva nominato da Londra e non esisteva nessuna democrazia rappresentativa. Esistevano però uno Stato di diritto, una magistratura indipendente, la libertà di stampa. Hong Kong continua ad avere un sistema di leggi e di tribunali autonomo (la certezza del diritto è importante fra l'altro per la sua credibilità come piazza finanziaria internazionale). Tsang nel 1989 poté permettersi di criticare aspramente la repressione di piazza Tienanmen. A Hong Kong gode della massima libertà di parola il cardinale Joseph Zen Ze-kiun, il prelato cattolico che si batte per i diritti umani e la libertà di religione in Cina. Peraltro la popolazione di Hong Kong, mentre vorrebbe una democrazia rappresentativa senza i limiti e i condizionamenti attuali, sembra apprezzare i benefici materiali offerti dal governo di Pechino. Grazie al boom del turismo cinese che affluisce a fare shopping nell'isola, grazie allo sviluppo degli affari con la madrepatria e con le numerose multinazionali cinesi che si quotano nella Borsa locale, l'economia di Hong Kong scoppia di salute.

C'è un costo collaterale di questa prosperità, che la gente di Hong Kong sopporta sempre meno: il terrificante degrado ambientale. All'ultima maratona di Hong Kong centinaia di corridori sono stati ricoverati per malori dovuti alle polveri tossiche nell'aria. Molte navi da crociera occidentali che fanno tappa nel porto cancellano la visita al Peak – la cima del monte che è una tradizionale attrazione turistica – perché la vista dall'alto sulla baia di Hong Kong è nascosta da una spessa coltre di smog. Alcune multinazionali occidentali hanno dovuto offrire ai loro manager espatriati a Hong Kong delle indennità-salute speciali per i rischi di malattie respiratorie. Tsang, sfidando ancora una volta le ire di Pechino, accusa le fabbriche del vicino Guangdong, e soprattutto le centrali elettriche a carbone cinesi, per il drammatico deterioramento ambientale dell'isola. Il suo rivale democratico Leong gli ha però rinfacciato una scomoda verità: molte fabbriche del Guangdong che oggi gettano le loro emissioni carboniche nel cielo di Hong Kong (o i loro liquami tossici nelle acque del Delta del Fiume delle Perle) sono di proprietà di tycoon dell'isola, che si sono arricchiti delocalizzando nella vicina Repubblica popolare dove i salari sono molto più bassi e la protezione dei lavoratori inesistente.

1° maggio 2007 nell'isola «sorella», Macao.

Il Primo Maggio cinese, la più importante festa nazionale, è stato turbato da una fiammata di conflittualità sociale là dove nessuno se l'aspettava: a Macao, la ex colonia portoghese che è la Mecca asiatica del gioco d'azzardo. Inondata dal denaro dell'industria dei casinò, l'isola gode di uno statuto autonomo come Hong Kong, e negli ultimi anni faceva parlare di sé solo per due ragioni: il boom degli affari e i sospetti di riciclaggio del denaro sporco. Improvvisamente si è scoperta l'altra faccia del miracolo economico: una disoccupazione crescente, alimentata dall'afflusso di manodopera cinese sottopagata, e la corruzione dell'amministrazione locale controllata da Pechino.

Il malcontento è esploso in occasione della Festa del Lavoro. Mentre il resto della Cina era in vacanza per una settimana (150 milioni di viaggiatori nel «ponte» più popolare dell'anno), a Macao la polizia ha sparato sulla folla e si è sfiorata la tragedia. Tutto è cominciato quando una manifestazione di diecimila persone si è avvicinata alla casa del chief executive Ho Hau-wah, che governa Macao sotto l'occhiuta vigilanza del regime cinese. Il corteo, composto in gran parte di operai e muratori disoccupati, è stato affrontato da un massiccio dispiegamento di reparti antisommossa. Dalle squadre speciali di polizia sono partiti dei colpi d'arma da fuoco. Gli spari hanno scatenato l'esasperazione nel corteo, per cinque ore la città è rimasta in stato d'assedio, sconvolta da scontri violenti. Dopo innumerevoli inseguimenti e pestaggi, lacrimogeni e raffiche di proiettili di gomma, alla fine le forze dell'ordine sono riuscite a riprendere il controllo. Il bilancio ufficiale è di soli dieci arresti e ventun feriti tra i poliziotti, ma molti manifestanti sono stati messi in salvo evitando gli ospedali, per impedire il loro arresto. Tra gli striscioni che figuravano in testa alla manifestazione, e che la polizia ha immediatamente distrutto, uno diceva «Partito comunista, ridacci la giustizia». Al termine della giornata di scontri il capo della polizia ha denunciato «un'autentica sommossa», il governo locale ha condannato «gli incidenti criminali».

Questo Primo Maggio di sangue ha rivelato la frattura sociale che si sta allargando nel cuore di una città apparentemente prospera. Da quando Macao è tornata a far parte della Cina (nel 1999, due anni dopo Hong Kong), l'ex colonia portoghese non si era fatta notare per la sua sensibilità politica. A differenza di Hong Kong, l'isola gemella sembrava appagata dai benefici economici. La Repubblica popolare, infatti, ha incoraggiato il boom dell'industria dei casinò, per controllarne i dividendi. Il gioco d'azzardo è molto popolare fra i cinesi, ma resta proibito sul territorio del loro paese, e questo ha provocato un fiorire di casinò alle frontiere in tutti i paesi limitrofi, dal Vietnam alla Corea del Nord. Per evitare il deflusso di capitali, Pechino ha dato carta bianca alle autorità di Macao sul business del gioco, e in pochi anni l'isola ha moltiplicato i casinò fino a rubare il primato mondiale a Las Vegas. A guidare questa espansione è il gruppo Sands Casino, più volte sotto accusa per corruzione e collusione con il governo locale.

Anche il sistema bancario di Macao è una zona grigia dove tutto è possibile. L'anno scorso una banca locale è stata identificata come lo strumento principale per il riciclaggio di denaro sporco da parte di Kim Jong-il, il dittatore nordcoreano. Pechino chiude un occhio, rafforzando così il sospetto che al regime faccia comodo una «piazza offshore» di questa natura. Ma il boom economico trainato dal gioco d'azzardo non beneficia in modo eguale gli abitanti dell'isola. Mentre il Pil di Macao è aumentato del 60 per cento nell'ultimo triennio, cioè a un ritmo doppio perfino rispetto alla crescita cinese, l'inflazione galoppa e la disoccupazione sale.

A esasperare il malcontento c'è la politica di reclutamento dei casinò. Il solo gruppo Sands in pochi mesi ha importato 70.000 dipendenti dalla Cina continentale per sfruttare la manodopera meno cara. La concorrenza dei cinesi deprime i salari locali. La società di Macao appare come uno specchio fedele della sua nuova fisionomia urbanistica. La città, infatti, è sempre più nettamente spaccata. Da una parte i quartieri dei grattacieli ultramoderni e volgari che ospitano hotel di lusso e sale da gioco. Dall'altra la vecchia città portoghese, sonnacchiosa e depressa, con i suoi bei monumenti barocchi che si decompongono al sole, abbandonati come rovine di un passato che non interessa i nuovi padroni.

26 giugno 2007.

Torno a Hong Kong nel decennale del passaggio dalla Gran Bretagna alla Cina. Momento di bilanci. Questo decennio non è stato facile per l'ex colonia di Sua Maestà.

La cronistoria di questo periodo è una serie di incidenti di percorso, di shock e di paure. Sono passate poche ore da quel 1° luglio 1997, il Royal Yacht *Britannia* è appena salpato dal porto con a bordo il principe Carlo d'Inghilterra e l'ultimo governatore Chris Patten, quando all'orizzonte si profila una turbolenza drammatica. Il giorno dopo il passaggio delle consegne, i banchieri di Hong Kong apprendono che la Thailandia dissanguata dalla fuga dei capitali svaluta il baht, la sua moneta nazionale. È il detonatore iniziale della grande crisi asiatica. Uno dopo l'altro nell'autunno del 1997 i «dragoni» vengono colpiti dalle ondate della speculazione internazionale. Indonesia e Malesia devono capitolare a loro volta, l'effetto domino abbatte le monete dell'area come tanti birilli. La banca centrale di Hong Kong si difende con la forza della disperazione, alzando i tassi d'interesse fino al 18,5 per cento pur di mantenere il dollaro locale agganciato a quello americano. Non riesce a impedire una caduta del 60 per cento della Borsa, il crollo del mercato immobiliare (metà del valore delle case polverizzato in pochi mesi), la disoccupazione triplicata, una deflazione che durerà tre anni. Segno premonitore: l'unica àncora di stabilità in mezzo al panico del Sudest asiatico è Pechino, che nel 1997 resiste contro la svalutazione e impedisce un ulteriore allargamento della crisi.

Tre anni più tardi, la Borsa di Hong Kong si è quasi risollevata dalla sua crisi quando esplode la «bolla» della New Economy a Wall Street e trascina con sé anche i titoli asiatici delle telecom e delle dot.com sopravvalutate. Poi è la volta dell'11 settembre 2001, con la lunga paralisi del trasporto aereo particolarmente deleteria per Hong Kong, città turistica e «hub» aeroportuale dell'Estremo Oriente. Infine l'epidemia della Sars nel 2003, regalo avvelenato della Repubblica popolare visto che l'incubazione è avvenuta nel Guangdong ed è stata nascosta dall'omertà delle autorità sanitarie locali. Ancora una volta per Hong Kong il colpo è più duro: l'isola vive di commercio e di congressi, per mesi il suo aeroporto intercontinentale è deserto, gli hotel hanno il 90 per cento delle camere vuote, gli shopping mall sono abbandonati dalla clientela internazionale.

È a quel punto che il regime cinese capisce di dover lanciare una ciambella di salvataggio. Da Pechino arrivano aiuti insperati: il governo liberalizza il turismo dalla madrepatria, offre sgravi generosi per il commercio bilaterale. Appena superato il terrore della Sars, l'affluenza dei nuovi ricchi cinesi esplode. Hong Kong è invasa da tutte le parti: il ceto medio-alto di Pechino e Shanghai viene per i weekend di shopping, i più facoltosi investono anche nel mercato immobiliare; gli occidentali puntano sulla Borsa dell'isola sperando di raccogliere lì i frutti dell'impetuosa ascesa della nuova Cina capitalista.

Nel 2005 la piazza finanziaria di Hong Kong supera sia New York sia Londra per il valore dei collocamenti di nuove società quotate. Nel 2006 è qui che viene realizzato il più grande collocamento nella storia mondiale fino a quel momento, la quotazione della Industrial and Commercial Bank of China per 22 miliardi di dollari. Lee Shau Kee, uno dei capitalisti più ricchi dell'isola, esprime l'anima mercantile e materialista di Hong Kong quando dice: «Io non mi sono mai appassionato di politica. Mi interessa solo l'economia.

Guardo al bilancio di questi dieci anni sotto il governo cinese, e dico che possiamo ritenerci soddisfatti. Non abbiamo bisogno di manifestazioni di protesta. Viviamo in una società armoniosa, come dice il presidente Hu Jintao». Il movimento democratico difende con le unghie e con i denti le libertà, ogni 4 giugno commemora i morti di piazza Tienanmen, e continua a chiedere vere elezioni. Per ordine di Pechino, Tsang temporeggia e rinvia ogni riforma a un orizzonte molto lontano. Dice il docente di Scienze politiche Willy Wo-Lap Lam: «Nel cinema e nella pop-music, noi di Hong Kong abbiamo fatto breccia nella cultura di massa della Cina. Ma in quanto a contaminare con i nostri valori liberali il dibattito sulle riforme a Pechino, il rapporto tra Hong Kong e la madrepatria è quello di Davide contro Golia. Un Golia di dimensioni cinesi».

5 ottobre 2007.

L'oasi verde e tranquilla del Victoria Park è un luogo adatto per osservare ciò che fa di Hong Kong una città cinese diversa da tutto il resto della Cina. Attorno a questo parco che potrebbe essere nel centro di Londra, ovunque giri lo sguardo vedi impronte indelebili dello stile britannico ereditato dal periodo coloniale. Gli autobus a due piani. I club per banchieri con i fumoir dalle pareti in mogano e le finestre affacciate sulla baia. L'eleganza cosmopolita delle signore nelle sale da tè. Il design raffinato dei grattacieli firmati da Sir Norman Foster e Ieoh Ming Pei. C'è soprattutto la cultura delle libertà e dei diritti umani, che a Victoria Park attira ogni anno migliaia di manifestanti per protestare nell'anniversario del massacro di piazza Tienanmen.

Ma qui vicino al parco, nei palazzi del potere, il governatore Tsang ha un'altra visione. Per lui la metropoli vincente del XXI secolo è come una multinazionale in competizione sul mercato globale, un *brand* da imporre per attirare capitali, talenti umani, idee e innovazioni. Perciò l'isola di Hong Kong con i suoi 7 milioni di abitanti gli sta stretta. Tsang ha deciso di lanciare un'Opa su un'altra metropoli gigantesca, la città-gemella sulla terraferma: Shenzhen, 10 milioni di abitanti, cuore pulsante della potenza industriale cinese. La proposta di matrimonio è ormai ufficiale. Il progetto è realizzare una megalopoli più grande di New York, Londra, Tokyo. Il simbolo della fusione è appena stato inaugurato, si chiama Hong Kong-Shenzhen Western Corridor, un immenso ponte autostradale che quadruplica il flusso di traffico su gomma tra le due città. Presto seguiranno il treno ad alta velocità e il metrò ultrarapido fra i due aeroporti internazionali. «Sarà uno strumento al servizio della potenza cinese nel mondo» proclama il progetto ufficiale degli esperti della Bauhinia Foundation, pensatoio al servizio della municipalità di Hong Kong. «È da anni che ammiro Hong Kong e cerco di imparare da lei» ha risposto con entusiasmo il fidanzato: Xu Zongheng, il sindaco di Shenzhen.

È difficile immaginare due promessi sposi più diversi. Da una parte c'è Hong Kong l'aristocratica dall'esotismo snob, la City finanziaria dell'Asia, il ponte fra Oriente e Occidente. Dall'altra c'è Shenzhen, che ancora trent'anni fa era un villaggio di pescatori, invisibile sulle carte geografiche. Shenzhen è un'invenzione di Deng, il successore *de facto* di Mao che rinnegò il maoismo. Alla fine degli anni Settanta il vecchio Deng lanciò l'esperimento delle «zone economiche speciali», porti franchi dove l'iniziativa privata veniva incoraggiata, la liberalizzazione eliminava lacci e lacciuoli del dirigismo comunista, gli investimenti occidentali erano benvenuti. Oggi Shenzhen è la «boomtown» per eccellenza, una Chicago anni Trenta proiettata nell'economia globale, un agglomerato mostruoso di grattacieli e fabbriche, dove lo sfruttamento operaio nelle fabbriche-lager convive gomito a gomito con poli di alta tecnologia e ricerca scientifica che ne fanno una Silicon Valley cinese.

L'idea di lanciare questa Opa urbana è nata a Hong Kong perché è lei la più ricca: oltre 30.000 dollari Usa di reddito annuo pro capite, un tenore di vita tre volte superiore alla sua vicina. Ma la crescita economica a Hong Kong è del 6 per cento annuo, a Shenzhen del 15 per cento. Hong Kong ha una forza lavoro qualificata che invecchia, Shenzhen offre un «esercito di riserva» dai salari cinesi, una popolazione che sogna la qualità dell'istruzione e dei servizi sociali dell'ex colonia britannica. Hong Kong può svilupparsi solo in altezza, circondata dal mare e limitata dai monti, Shenzhen ha una superficie territoriale due volte più ampia. È l'unione ideale tra due forze complementari. «Insieme» prevede Tsang «avremo 3200 chilometri quadrati di territorio, presto raggiungeremo i venti milioni di abitanti, più della grande New York (Manhattan, Brooklyn, Bronx, Newark).» Con due fra i maggiori porti navali del mondo e l'aeroporto intercontinentale più attivo di tutta l'Asia. È, in un certo senso, un matrimonio come lo si potrebbe immaginare tra Los Angeles e Mexico City: il glamour cinematografico e la forza lavoro, l'alta finanza e la massa demografica. Nella classifica del Prodotto interno lordo la nuova megalopoli Hong Kong - Shenzhen entro il 2020 avrà sorpassato Londra e Parigi. Sono bastati otto mesi di studio, consultazioni a tappeto fra gli imprenditori delle due città, una task force di 300 funzionari municipali, ed ecco avviato il progetto.

Come ogni matrimonio, anche questo deve riuscire a far convivere caratteri diversi. Le incognite sono tante. Il regime di autonomia ha consentito a Hong Kong di «selezionare» in una certa misura ciò che vuol prendere dalla Repubblica popolare e quello che preferisce tenere a distanza. Esiste ancora una dogana tra l'isola e il continente. I cittadini della Repubblica popolare non possono ottenere automaticamente la residenza e il permesso di lavoro nell'ex colonia britannica. La moneta è diversa e agganciata al dollaro americano. I sindacati dell'isola temono l'invasione di una manodopera docile e sottopagata, un «dumping sociale». Fedele alla sua immagine di «nuova Chicago», Shenzhen col boom della ricchezza ha allevato una criminalità potente: i sequestri di persona a scopo di estorsione. La Hong Kong Democratic Foundation ha definito le condizioni ideali per l'unione: «È un'ottima idea purché ne nasca una Grande Hong Kong, non una Grande Shenzhen. L'integrazione deve estendere a Shenzhen lo Stato di diritto, la cultura della responsabilità civile, la riduzione della corruzione e del crimine». È un proclama generoso e utopista, che prescinde dai rapporti di forze: dietro Shenzhen c'è la Repubblica popolare col suo miliardo e quattrocento milioni di abitanti, un regime autoritario, l'esercito più numeroso del pianeta, un apparato di censura formidabile. Per ora il governo locale di Hong Kong mette fra parentesi il problema politico. Si ripara dietro lo slogan ambiguo «un paese, due sistemi», lo stesso che ha garantito la fragile diversità dell'isola in questi dieci anni.

Intanto i preparativi delle nozze procedono a ritmo spedito: il collegamento iperveloce su rotaia, l'interconnessione fra gli aeroporti. Presto si sperimenterà una corsia d'ingresso senza visto per due milioni di cittadini di Shenzhen. Dietro Shenzhen c'è poi Guangzhou (ex Canton), altra metropoli che supera i dieci milioni di abitanti. La ferrovia ad alta velocità ridurrà il tempo di percorrenza del tragitto per Guangzhou dalle attuali tre ore a soli 45 minuti. I capitalisti di Hong Kong già adesso girano il mondo «vendendo» la propria città come il centro direzionale di tutto il Guangdong, come il cervello pensante di una regione che è la fabbrica del pianeta. Hanno fretta di celebrare le nozze, perché quest'idea ha già emuli e rivali importanti. L'eterna concorrente di Hong Kong, Shanghai, allunga i suoi tentacoli verso Nanchino e Hangzhou: insieme le tre città arrivano a 30 milioni di abitanti. Più a nord, Pechino rafforza i legami col suo sbocco sul mare, Tianjing: la loro integrazione crea una massa d'urto di 25 milioni di abitanti. Nel resto del mondo queste cifre danno i brividi, evocano incubi di congestione, ingovernabilità sociale, collasso ambientale. Anche in Cina non mancano le voci di allarme. Ma i vertici sentono il fascino irresistibile del gigantismo, restano convinti che la dimensione sia potenza.

Rileggo la mia descrizione di quel progetto di supercittà dodici anni dopo. La storia ha imboccato un percorso ben diverso. Le megalopoli del Guangdong oggi non hanno più nessun complesso d'inferiorità verso Hong Kong. Anzi. È l'isola ex britannica ad aver sperimentato le maggiori difficoltà, una decadenza che l'ha resa più debole. Guangzhou e Shenzhen nel 2019 la osservano dall'alto in basso. Hong Kong non è cambiata poi tanto in questi dodici anni, nel senso che il livello di libertà e la certezza del diritto vi rimangono molto superiori rispetto alla madrepatria cinese. Resta una piazza finanziaria importante e questo giustifica la prudenza di Xi che esita a rompere il prezioso giocattolo. È cambiato però il resto del mondo: la forza della Cina e la sua consapevolezza di sé sotto Xi, l'atteggiamento dell'America e dell'Occidente.

Fra le tante proteste che hanno agitato Hong Kong in questi anni – nel 2003, nel 2012, nel 2014 – quella che è esplosa nel 2019 è la più massiccia e prolungata. Inizialmente sono scesi in piazza un milione di cittadini: uno ogni sette residenti dell'isola. Poi la partecipazione popolare è andata diminuendo. Sono subentrati elementi radicali, violenti, un po' simili ai nostri «black block». I cortei sono diventati più esigui, prevalentemente giovanili. Potrebbe essere una delle proteste più disperate. Nel senso che a Pechino c'è un regime più determinato che mai a domarla. Mentre l'atteggiamento dell'Occidente è ancora più ambiguo che in passato. Con il tipico riflesso dei regimi autoritari, e un copione collaudato dai tempi delle «rivoluzioni arancioni», il complotto americano è una comoda teoria anche per spiegare la protesta di Hong Kong. I media governativi di Pechino alludono alla mano di Washington dietro la mobilitazione di massa. Al contrario, quel che accade a Hong Kong suscita proteste sempre più flebili in Occidente.

Da quando a Pechino comanda Xi Jinping sono diventate più frequenti le incursioni della polizia cinese contro i dissidenti di Hong Kong. Alcuni sono stati letteralmente rapiti, sono scomparsi a lungo, per poi riapparire nelle mani delle autorità cinesi e magari pronunciare «autodenunce» in stile staliniano. La scintilla iniziale della rivolta del 2019 è stata una riforma della legge sull'estradizione (poi ritirata) che avrebbe reso il compito ancora più facile per la polizia cinese: non avrebbe più avuto bisogno di organizzare rapimenti, sarebbero state le autorità di Hong Kong a consegnarle i dissidenti. Le proteste di piazza l'hanno spuntata. Almeno su questo. Almeno per ora.

Le Cassandre che temevano la fine dell'anomalia di Hong Kong, fino al settembre 2019 sono state smentite. Ma per quanto tempo? Ha avuto torto chi in Occidente si illudeva su un contagio democratico dall'isola verso il continente, e anche chi da Pechino lo temeva. Un dato è significativo. Mentre tornavo a visitare la Cina nell'estate del 2019, l'informazione sulle proteste di Hong Kong era rigidamente controllata dalla censura governativa. I cittadini di Pechino e Shanghai per i primi mesi sono stati tenuti all'oscuro di tutto. Poi il governo cinese ha cominciato a diffondere immagini di scontri violenti: alternando le condanne verso i giovani teppisti in azione e le denunce di un complotto americano che li avrebbe aizzati. Ma questa informazione di Stato non ha il monopolio delle notizie nelle due megacittà confinanti del Guangdong.

Shenzhen e Guangzhou sono talmente vicine al confine che tutti ricevono in chiaro i programmi delle tv libere di Hong Kong. Eppure non ci sono stati travasi delle proteste su quel lato della frontiera, né segnali di solidarietà o simpatia. Contagio zero; proprio come nelle puntate precedenti. L'impressione è che per molti abitanti del Guangdong i contestatori di Hong Kong siano dei ragazzi viziati, egoisti e antipatriottici.

Un altro dato interessante e nuovo è la dimensione socioeconomica della protesta. Proprio mentre la Cina diventava sempre più ricca, la condizione delle nuove generazioni di Hong Kong è peggiorata. Da un lato subiscono la concorrenza salariale al ribasso dai loro coetanei che arrivano dalla madrepatria cinese. Dall'altro, a Hong Kong il costo della vita, legato alla rendita edilizia, è impazzito. I tycoon della speculazione immobiliare – quelli su cui il regime di Xi può fare affidamento – hanno spolpato la città. Per i giovani, se non sono rampolli delle dinastie capitaliste, il futuro è grigio. Da questo punto di vista la protesta del 2019 non oppone Hong Kong alla Repubblica popolare, ma rivela una frattura interna fra due Hong Kong. Questo potrebbe incoraggiare Xi Jinping a una tattica attendista, che scommetta sulla vittoria degli straricchi contro i giovani depauperati dei loro sogni.

L'unica lezione che consola, dalla vicenda di Hong Kong, è questa: abbiamo la conferma che non esiste un'incompatibilità culturale, tantomeno «genetica», tra i cinesi e la liberaldemocrazia. Questo, del resto, lo dimostra da molti anni l'esperienza democratica di Taiwan, i cui cittadini osservano gli eventi di Hong Kong con particolare attenzione e apprensione. Se Xi non rispetta l'autonomia di Hong Kong, non è credibile che preserverebbe le libertà democratiche in caso di riunificazione di Taiwan con la madrepatria.

Le giovani generazioni di Hong Kong hanno però qualcosa che le distingue dai taiwanesi. Oltre all'attaccamento per le libertà politiche, hanno sviluppato un'identità «ibrida», ricca di contaminazioni fra Oriente e Occidente. Si sentono cinesi ma sono anche fieri di un patrimonio ideale ereditato dalla Gran Bretagna, e sono cresciuti in stretto collegamento con la cultura americana. Questo in passato era una loro forza. Oggi, nel clima della nuova guerra fredda, non è detto che rimanga altrettanto spazio per queste identità «ambigue».

Conclusione

> Se conosci il nemico e te stesso, la tua vittoria è sicura. Se conosci te stesso ma non il nemico, le tue probabilità di vincere e perdere sono uguali. Se non conosci il nemico e nemmeno te stesso, soccomberai in ogni battaglia.
>
> SUN TZU, *L'arte della guerra*, VI secolo a.C.

Un pezzo delle nostre classi dirigenti è rimasto fermo a un'idea antiquata della Cina, come di una potenza emergente la cui penetrazione commerciale si fonda sul basso costo del lavoro. Troppo ignoranti o provinciali, molte élite occidentali hanno sottovalutato uno degli eventi di maggiore portata nella storia del nostro tempo: gli ultimi dieci anni di forsennata corsa verso la modernizzazione, in cui la Cina si è trasformata in una «cosa» ben diversa, fino a effettuare il sorpasso sugli Stati Uniti in alcune tecnologie avanzate. Intanto l'Europa – per opportunismo, e per le debolezze del proprio capitalismo – ha cominciato a vendersi all'asta alla finanza cinese. Ma sempre con idee vaghe sulla natura del capitalismo venuto da Oriente. In quanto alla penetrazione cinese in Africa e America latina, è oggetto di una curiosità superficiale, luoghi comuni, frasi fatte, generica ostilità. Nuovo colonialismo, saccheggio di risorse: etichette che dicono tutto e niente, evitano la fatica di approfondire. Ancora meno si è voluto approfondire il significato del golpe istituzionale di Xi Jinping, che ha stravolto la Costituzione della Repubblica popolare per autonominarsi imperatore a vita.

Le guerre possono scoppiare per sbaglio, per equivoco, per un errore di calcolo sulle motivazioni e le reazioni dell'avversario. Il caso più tragico forse fu la prima guerra mondiale. Lo storico australiano Christopher Clark coniò l'immagine di leader «sonnambuli», che camminarono verso il conflitto senza esserne veramente consapevoli. Le prime fasi della guerra commerciale Usa-Cina – pur meno grave e senza spargimento di sangue – hanno già visto tanti sbagli nel decifrare l'avversario. Da una parte e dall'altra. La stampa occidentale ha infierito soprattutto sugli errori di Trump, si è accodata con il solito conformismo al pensiero unico neoliberista, che condanna ogni forma di protezionismo. Non sono mancati gli errori di valutazione da parte della dirigenza cinese. Talvolta sconcertanti. Dopotutto, di quella leadership noi ammiriamo la caratura professionale, lo spessore tecnocratico. Inoltre chi governa a Pechino ha due vantaggi enormi su di noi: primo, non deve rincorrere il consenso elettorale entro pochi anni, quindi può elaborare piani di lungo periodo; secondo, ha una massa enorme d'informazioni sui nostri governanti, i quali sono dei «libri aperti» in confronto a loro. Eppure, Xi si era convinto che Hillary Clinton sarebbe stata un presidente assai peggiore per gli interessi cinesi; non prese sul serio i proclami protezionisti di America First che Trump urlava a squarciagola in tutti i comizi. Xi ha più volte sopravvalutato la sua capacità di mettere in ginocchio l'economia americana. Ha scommesso sulla debolezza di Trump, senza capire che anche in caso di impeachment o disfatta elettorale lo sostituiranno altri repubblicani o democratici per nulla filocinesi.

Certo, per i capi della Cina è semplice sfruttare le vulnerabilità delle liberaldemocrazie: guardando al ciclo elettorale americano, Xi ha concentrato i suoi dazi contro settori come le derrate agricole del Midwest, in modo da massimizzare il danno per una *constituency* elettorale di Trump come i *farmers*. Questi sono giochi facili per un regime autoritario, contro i quali una democrazia non può replicare con reciprocità: Xi non ha bisogno dei voti dei suoi cittadini per farsi rieleggere. Però con tutti i mezzi cognitivi a sua disposizione, dalla lettura della nostra libera stampa alla rete di spionaggio di Pechino, non ha saputo decifrare le cause profonde del populismo occidentale, non ha visto il nesso tra la globalizzazione e il disagio sociale che sfocia nel nazionalismo. Per un leader cinese che ha mandato sua figlia a studiare a Harvard, non è un bilancio esaltante. Decifrare Trump non è agevole, certo, tanto più che lui si vanta della propria imprevedibilità come di una tattica negoziale. Ma gli innumerevoli errori di calcolo di Pechino gettano un'ombra sull'efficienza di quel regime. Oppure stanno a significare che sui vincoli interni e i meccanismi decisionali della Repubblica popolare ci sfugge qualcosa?

In effetti è stupefacente quanto gli occidentali siano poco curiosi verso un personaggio chiave del nostro tempo come Xi Jinping. La figura di Vladimir Putin in confronto è molto più familiare agli italiani o agli americani; le sue biografie abbondano. Eppure la Russia è un nano economico, finirà con l'essere risucchiata nell'orbita della Cina. La politica estera di Putin in parte è condizionata anch'essa dalla logica di questa nuova guerra fredda: essendosi alienato il consenso occidentale in Crimea e Ucraina, il presidente russo non ha alternative se non affidarsi al protettorato economico di Xi. La cooperazione militare sino-russa si fa più stretta, creando in prospettiva nuove minacce per la Nato. Anche la Russia, però, sta stretta nell'abbraccio soffocante della sua vicina orientale. Nel binomio Pechino-Mosca i rapporti di forze sono rovesciati rispetto agli anni Cinquanta quando erano le due capitali del comunismo. Oggi la Cina la fa da padrona, anche con i suoi investimenti nel settore energetico russo. Insomma, è chiaro chi è il numero uno e chi il numero due. Nonostante questo, sulle trame di Putin abbondano le informazioni perfino nei nostri talk show televisivi; mentre il suo partner più forte rimane un oggetto misterioso.

La prima cosa che dobbiamo studiare di Xi è la sua vita. Almeno in parte l'ha raccontata lui, con un'interessante dovizia di particolari. Joe Biden, quando era vicepresidente con Barack Obama alla Casa Bianca, incontrò Xi Jinping nel 2011 durante un viaggio a Pechino e Chengdu. A quell'epoca Xi era già il leader *in pectore*, la sua ascesa al potere sarebbe avvenuta nell'anno seguente ma era già preannunciata. Nelle riunioni ufficiali con la delegazione americana Xi fu generoso di dettagli sulla propria storia personale, cosa abbastanza rara tra i leader cinesi arrivati a quel livello gerarchico. Biden e i suoi accompagnatori ricordano quanto Xi si fosse dilungato nel raccontare la storia del padre.

Xi Jinping appartiene a quella categoria che i cinesi definiscono «i principini»: è figlio di un alto dirigente della nomenklatura comunista, è l'esponente di una classe dirigente «ereditaria». Figli d'arte, per usare un'espressione positiva. Raccomandati, privilegiati, prove viventi di un nepotismo che incrina l'immagine meritocratica del regime. Da bambino Xi ha frequentato una delle scuole di élite riservate ai figli degli alti dignitari comunisti. Quando andava a visitare il padre, penetrava nel recinto di Zhongnanhai, l'inaccessibile residenza dei grandi capi nonché quartier generale del partito. Xi esibisce la sua discendenza ereditaria per trasformarla in un fatto positivo. Per lui costituisce una sorta di linea diretta che lo collega all'epopea dei padri fondatori, i compagni di battaglie rivoluzionarie di Mao. In perfetta coerenza con i tanti richiami all'Impero Celeste, ecco affiorare una legittimazione «dinastica». Ma quello che colpisce di più noi occidentali è forse un altro aspetto. Il padre di Xi fu anche una vittima dei peggiori eccessi del maoismo, venne perseguitato, e di questo ha sofferto anche il figlio. Che quelle vicissitudini abbiano rafforzato nell'attuale presidente l'attaccamento al ruolo del Partito comunista, la dice lunga sulla sua personalità.

Una delle poche biografie autorevoli di Xi Jinping è opera di un collega australiano: Richard McGregor, corrispondente del «Financial Times» a Pechino e Shanghai dal 2000 al 2009, oggi ricercatore presso un think tank di Sydney, il Lowy Institute. In questo libro (*Xi Jinping: The Backlash*, Penguin Books Australia, 2019) è centrale la figura del padre, Xi Zhongxun, un militante rivoluzionario che fu tra i fedelissimi di Mao all'epoca della guerra partigiana e poi alla fondazione della Repubblica popolare nel 1949. Vicepremier alla fine degli anni Cinquanta, Xi padre cadde in disgrazia durante le feroci purghe maoiste del 1962. Poi arrivò la Rivoluzione culturale, altro periodo di eccessi istigati da Mao. Xi padre venne umiliato dalle Guardie rosse e finì in carcere. La caduta in disgrazia del genitore ebbe ripercussioni sul figlio, perseguitato anche lui, poi esiliato in campagna all'età di 17 anni come molti giovani della sua generazione, costretti a imparare i lavori dei campi. Xi Jinping fu obbligato, come si usava nei crudeli riti di quel tempo, a pronunciare una condanna pubblica del padre. Xi Zhongxun, racconta la biografia di McGregor, venne riabilitato solo dopo la morte di Mao. Era un moderato, come Zhou Enlai e Deng Xiaoping, altri due fidati collaboratori di Mao caduti in disgrazia e perseguitati in varie epoche della loro vita.

Da quelle storie tragiche Xi Jinping non ha tratto il minimo distacco critico verso la storia del maoismo. Al contrario, se ha raccontato diffusamente questa storia familiare al visitatore americano Biden, è perché si considera temprato dalle dure prove della vita, ma nient'affatto disilluso. Il suo rispetto e la sua ammirazione per Mao rimangono intatti. Xi, in questo senso, è un vero comunista. So che questa definizione può suonare strana, applicata al leader di una superpotenza capitalista, una Cina dove pullulano miliardari e multimilionari, e dove le diseguaglianze sociali tra ricchi e poveri raggiungono livelli americani. Xi non è un comunista egualitario, di sicuro; né il suo comunismo prevede il «potere al popolo». Ma è un autentico comunista nel suo attaccamento al primato del partito, nell'identificazione tra partito e Stato, nella convinzione che solo il partito è l'interprete del vero interesse nazionale. In campo economico, pur senza nutrire assurde nostalgie per la miseria imposta dalle scelte di Mao, l'attuale presidente diffida dei riformatori liberisti e difende il ruolo delle aziende di Stato. Di recente ha rafforzato il ruolo dei comitati del Partito comunista all'interno delle imprese private. Il suo biografo australiano sostiene che non soltanto noi occidentali abbiamo frainteso Xi, ma che lo hanno fatto anche alcuni dei suoi compagni di partito, i quali non hanno capito fino a che punto fosse un veterocomunista – autoritario, accentratore, spietato coi nemici interni – quando ne hanno assecondato l'ascesa al vertice. Il sistema del «credito sociale» con cui assegna punteggi ai cittadini (e può sanzionarli con la perdita del credito bancario e perfino negargli l'accesso al trasporto aereo) ha chiare ascendenze maoiste.

Xi è uno dei dirigenti cinesi che hanno studiato con attenzione la storia di Michail Gorbaciov e la dissoluzione dell'Unione Sovietica che fece seguito alle sue riforme. L'aver introdotto una parziale trasparenza e qualche cambiamento in senso (cautamente) democratico, sono stati gli errori fatali di Gorbaciov che Xi non gli perdona. Al tempo stesso, nella sua ascesa al potere Xi ha visto segnali di decadimento politico e morale nel Partito comunista cinese e negli apparati del potere (esercito, polizia, servizi segreti, aziende di Stato). Ha deciso che bisognava reagire con la massima durezza e determinazione: sia per bonificare la nomenklatura sia per rafforzarne il comando.

Un passaggio chiave nella scalata di Xi al potere è la caduta ignominiosa del suo rivale Bo Xilai nel 2012. Costui era uno dei massimi dirigenti del partito, gli era stato affidato il governo della megalopoli più vasta del mondo, quella gigantesca conurbazione industriale di Chongqing che ha superato i 30 milioni di abitanti. Bo Xilai all'apice del suo potere veniva considerato un aspirante alla massima carica: segretario del partito e presidente della Repubblica. Aveva organizzato una sorta di campagna elettorale, aveva promosso la propria notorietà con uno stile di comunicazione quasi occidentale: un investimento nella propria immagine, del tutto inusuale in un sistema politico dove non sono i cittadini ma gli stessi capi del partito a decidere le nomine.

Arrestato e processato nel 2012, Bo Xilai venne esposto al pubblico disprezzo. Le accuse contro di lui ebbero una pubblicità eccezionale, anch'essa anomala rispetto alla tradizione di lavare i panni sporchi in famiglia. In un passato remoto, alla fine del maoismo, c'erano stati dei processi politici di grande visibilità: il più celebre fu il processo contro la congiura della Banda dei Quattro, un clan di potere a cui apparteneva la vedova di Mao. Ma nella Cina post-maoista, segnata da una direzione collegiale e dal rifiuto del «culto della personalità», il partito tendeva a disciplinare le sue pecore nere con discrezione, al riparo dalla curiosità del popolo. Per Bo Xilai, invece, la caduta in disgrazia si accompagnò a una campagna pubblicitaria nazionale e internazionale sulle sue malefatte.

Secondo le accuse che lo stesso governo gli rivolse dopo averlo destituito e incriminato, Bo era una sorta di «signore della guerra», usava la polizia locale come una sua milizia privata, per terrorizzare i suoi avversari politici, ricattare e depredare gli imprenditori. Vi si aggiunse la saga da *noir* ottocentesco della moglie-tigre, Gu Kailai. Accusata di aver fatto avvelenare da un domestico con il cianuro il suo amante inglese (che era stato per anni complice di delitti e ruberie), venne condannata a morte. In seguito la pena fu commutata, oggi moglie e marito stanno scontando l'ergastolo. In quel 2012 l'America venne affascinata dal «thriller» cinese che di colpo metteva a nudo i segreti di un regime impenetrabile, i vizi dell'oligarchia comunista, insieme con una trama esotica di amori proibiti, lusso sfrenato, omicidi. E spionaggio?

Una coda dello scandalo lambì la reputazione della più prestigiosa università americana, Harvard. È in questa università di eccellenza, nella più esclusiva delle sue facoltà – la John F. Kennedy School of Government dove si applicano le teorie di management alla governance e all'amministrazione pubblica – che studiava il figlio del deposto gerarca comunista. All'epoca ventiquattrenne, Bo Guagua finì su tutti i giornali e rotocalchi americani, fotografato in party notturni, o al tavolo di lussuosi ristoranti, abbracciato a bionde avvenenti. La stampa di Pechino si impadronì delle sue gesta notturne – «urinava su un recinto universitario, in stato di ubriachezza» – e della sua pagina Facebook, come esempio di uno stile di vita decadente. Il padre tentò di difendersi: «Non è vero che mio figlio gira in Ferrari, e in quanto alla retta di Harvard non la pago io, si è meritato una borsa di studio». Il costo annuo per frequentare la School of Government è di 90.000 dollari, un po' troppo per lo stipendio ufficiale di un funzionario comunista, sia pure di alto grado. Sulla borsa di studio, le autorità accademiche di Harvard si chiusero in un silenzio imbarazzato. Rispetto della privacy... Aggiunsero che nell'erogare borse agli studenti la superfacoltà adotta un approccio «olistico» che tiene conto non solo del talento accademico ma anche delle «potenzialità di leadership». Altrove questo approccio «olistico» si chiamerebbe opportunismo o servilismo verso i rampolli di Vip stranieri che portano in dote delle reti di relazioni altolocate. In quanto alla Ferrari: per la precisione Bo Guagua la guidava a Pechino, la sera che andò a prelevare la figlia dell'ambasciatore americano per un appuntamento galante. A Harvard, dicono i suoi compagni, lo si vedeva al volante di una Porsche. Nella stessa Harvard in quegli anni c'erano altri «principini» cinesi. La più importante era Xi Mingze, la figlia di Xi Jinping. La ragazza era più prudente: usava quasi sempre un falso nome, e non ha mai avuto una pagina su Facebook.

Harvard fu solo una parte della «connection americana» nel più grave scandalo cinese da molti decenni. La spettacolare caduta del potente Bo Xilai coinvolse in un incidente l'amministrazione Obama. Il 6 febbraio 2012, il consolato Usa di Chengdu, nella provincia del Sichuan, accolse un «rifugiato politico» molto particolare. A chiedere asilo ai diplomatici americani fu Wang Lijun, vicesindaco della megalopoli di Chongqing ed ex braccio destro di Bo Xilai. Wang era il vero capo della polizia di Chongqing, l'uomo che per anni assecondò Bo nei suoi metodi feroci per la scalata a potere e ricchezza. Ma quel che accadde «dentro» il consolato Usa di Chengdu è un evento sconcertante, forse irripetibile oggi, a sette anni di distanza e nel clima di nuova guerra fredda. Il consolato avvertì immediatamente l'ambasciata americana a Pechino; da lì la vicenda fu riferita alla Casa Bianca. E il rifugiato anziché godere della protezione venne consegnato alla polizia del suo paese. Quel 6 febbraio in cui il superpoliziotto Wang andò a consegnarsi alla diplomazia americana mancava solo una settimana alla visita di Stato del futuro numero uno cinese a Washington, Xi Jinping. La destra Usa insinuò che Obama aveva «svenduto» un disertore di altissimo rango e di interesse strategico per gli americani, al fine di non compromettere il summit.

Forse non sapremo mai quanto le accuse contro Bo fossero fondate, o se invece la sua parabola criminale sia stata in parte sceneggiata dal futuro leader che voleva sgomberare il campo da un rivale. (Se un giorno la Cina adottasse le regole di trasparenza di molte democrazie occidentali, aprirebbe entro una certa scadenza i suoi archivi di Stato: ma l'attesa rischia di essere lunga.) Di certo, il semplice fatto che per molti cinesi le rivelazioni su Bo siano risultate verosimili la dice lunga sul livello di corruzione che era stato raggiunto.

Nella storia di Xi Jinping quella sembra essere una svolta. Da un lato la caduta di Bo gli spiana la strada verso il potere assoluto e lancia un segnale tremendo ai suoi rivali interni. D'altro lato Xi sembra convincersi che la metastasi della corruzione è a livelli di guardia, che il futuro del partito è in pericolo, che bisogna adottare rimedi estremi. Il biennio 2011-2012 è cruciale anche perché è l'apogeo delle Primavere arabe e in Russia ci sono proteste contro brogli elettorali. Come Putin, anche Xi comincia a vedere ovunque dei complotti americani per esportare «rivoluzioni colorate» nei regimi autoritari. La sua paura sembra confermata dal breve tentativo di esportare le Primavere in Cina con il movimento di protesta – effimero – chiamato Rivoluzione dei Gelsomini. Il Partito comunista è di fronte a una prova decisiva, una questione di vita o di morte, secondo Xi. Poco tempo dopo aver conquistato la nomina a segretario del partito e presidente della Repubblica, la sua campagna contro la corruzione diventa un trampolino verso l'acquisizione di un potere senza precedenti dai tempi di Mao. Xi liquida altri boss di primaria importanza, inclusi alti capi militari e della polizia. Sempre accusandoli di ruberie. Sgomina fazioni avverse, ma opera probabilmente anche una vera pulizia morale. Così guadagna una popolarità enorme tra i cittadini.

La sua retorica non ha nulla da invidiare al populismo, al nazionalismo e al sovranismo che avanzano in quegli anni in Occidente: anzi, per molti versi Xi precede quelle tendenze. La sua retorica alterna i richiami al maoismo e l'emulazione dell'America. È lui che usa sistematicamente l'immagine del Sogno Cinese, ricalcata sull'American Dream. Però non esita a rispolverare i miti rivoluzionari di Mao come la Lunga Marcia (l'epopea della guerra partigiana), per esempio quando invita i cinesi ad affrontare lo scontro commerciale con gli Stati Uniti come una prova di resistenza. Ai capi del partito chiede di essere «comandanti e guerrieri». Invoca le «aspirazioni originali di Mao», usa termini come «rinascita e rigenerazione», evoca una catarsi collettiva da cui uscire rafforzati, più uniti e potenti che mai.

Un altro banco di prova per Xi è la questione di Hong Kong. Anche in questo caso la sua biografia personale è una chiave di lettura preziosa per decifrarne il pensiero e le azioni. Di nuovo appare la figura paterna. Dopo la morte di Mao e la riabilitazione di Xi Zhongxun, il padre dell'attuale presidente viene recuperato in una funzione di comando nella provincia meridionale del Guangdong. Tra il 1978 e il 1980 Xi padre è in prima linea nell'esperimento della transizione al capitalismo che viene avviato proprio in quella regione. Deve affrontare anche le fughe di cinesi verso Hong Kong: dissidenti politici o emigranti economici che cercano lavoro nell'isola ancora amministrata dagli inglesi. Xi padre è uno dei leader comunisti che perseguono un duplice obiettivo: agganciare le economie più ricche per dare un futuro al popolo cinese; al tempo stesso garantire l'unità nazionale e l'integrità territoriale della Cina. Xi Jinping ha reso un omaggio implicito alla memoria del padre quando ha visitato Hong Kong nel 2017, e lì ha proclamato la ferrea intenzione di combattere ogni tentazione separatista.

Le rivolte di popolo sono una minaccia per l'unità della nazione: questo è un tema ricorrente nei manuali di storia su cui si formano le giovani generazioni. L'inizio della grandezza cinese e il nome stesso del paese vengono fatti coincidere con l'imperatore Qin (pronunciato *cin*) Shi Huang che nel 221 a.C. soggioga fazioni rivali e impone la prima unità. Le proteste di popolo, invece, fin dalla storia antica sono spesso foriere di caos, crisi politiche, e segnano la fine delle dinastie. «La disintegrazione» dice lo storico Arthur Waldron della University of Pennsylvania «comincia alla periferia dell'impero, poi cresce nei territori adiacenti, fino a minacciare la sede centrale del potere. È così che la dinastia Tang nel X secolo cadde, ferita a morte da disordini militari molto distanti dalla capitale» (citato da Gordon Chang, *Hong Kong May Topple Communism*, in «The Wall Street Journal», 25 settembre 2019). Un altro momento storico che viene studiato come un capitolo cruciale per l'inizio della decadenza cinese è la rivolta dei Taiping a metà dell'Ottocento. Anche questa comincia alla periferia, in una zona meridionale non lontana da Hong Kong. Porterà a 20 milioni di morti e sarà l'inizio della fine per la dinastia Qing, l'ultima dell'Impero Celeste, destinata a cadere nel 1912.

Hong Kong è un luogo simbolo per un altro capitolo doloroso della storia nazionale: quell'isola diventa inglese dopo la prima guerra dell'Oppio (1839-1842). Il conflitto – che ho raccontato in dettaglio nel mio libro *Quando inizia la nostra storia* – viene scatenato dagli inglesi per difendere il loro «diritto» a praticare su larga scala il narcotraffico; lo vincono e costringono l'Impero Celeste ad aprire i suoi porti, rinunciando al protezionismo anche contro l'oppio. È lì che ha inizio il Secolo delle Umiliazioni, come viene chiamato nell'insegnamento scolastico della Repubblica popolare. Per Xi la rivolta di Hong Kong nel 2019 fa scattare tutti i campanelli d'allarme: quell'isola è un concentrato di memorie storiche, personali e nazionali. Se lui creda o meno alle teorie del complotto americano dietro le proteste di piazza, se sia sinceramente spaventato dai timori di contagio o se manipoli cinicamente certi simboli nazionali, è difficile saperlo. Uno dei limiti del regime autoritario è questo: i sottoposti, coloro che devono informare il massimo leader sulle ragioni degli eventi che scuotono l'ex colonia britannica, tendono a confermargli ciò che vuole sentirsi dire.

In un importante discorso pronunciato alla scuola centrale del Partito comunista il 3 settembre 2019, Xi elenca

Hong Kong, Macao e Taiwan come i principali ostacoli alla realizzazione del suo Sogno Cinese. La diffidenza nei confronti di quel che accade a Hong Kong non può che essere alimentata dal comportamento di certi magnati del capitalismo locale. Il più ricco tycoon dell'isola, capo di una dinastia che già prosperava sotto gli inglesi, è il novantunenne Li Ka-shing. Nel 2019 il suo conglomerato finanziario Hutchison aveva ormai solo il 3 per cento dei propri affari a Hong Kong, il 54 per cento in Europa, il 10 per cento in Canada. A spingerlo verso quella diversificazione all'estero c'è un implicito senso d'insicurezza: in Cina gli imprenditori non godono delle stesse tutele offerte dallo Stato di diritto in Occidente; più Hong Kong scivola verso il controllo della madrepatria, meno solide sono le sue garanzie.

Il comportamento dei miliardari come Li Ka-shing si affianca all'evoluzione delle giovani generazioni la cui identità cosmopolita sfiora la provocazione, se vista con gli occhi di Xi. Un sondaggio della Hong Kong University compiuto nel giugno 2019 indica che, nella fascia di età fra i 18 e i 29 anni, coloro che si identificano come «cittadini di Hong Kong anziché cinesi» sono aumentati dal 40 per cento al 90 per cento in un decennio. Questi sono segnali di sfida che rischiano di confermare il teorema del separatismo a cui Xi si attiene. Non c'è offesa peggiore di quella arrecata da alcuni giovani manifestanti quando esibirono le bandiere inglesi: chi ha nostalgia del padrone occidentale è un traditore, un antipatriota. Lo rassicura però il fatto che la maggioranza dei cinesi nella Repubblica popolare non simpatizza con le proteste di Hong Kong. Inoltre, in ambito economico il peso specifico dell'isola si è ridimensionato rispetto al resto del paese.

Il nazionalismo della Cina comunista è una colonna portante dell'ideologia di Xi. In questo il leader non fa che aggiornare e rilanciare una tradizione inaugurata da Mao. Dai primi anni di scuola la popolazione cinese viene formata su manuali di storia che ricostruiscono tutte le sopraffazioni dell'Occidente, dipingono l'America e l'Europa come potenze ostili che hanno sempre voluto degradare la Cina; attribuiscono al solo Partito comunista la capacità di ristabilire l'onore nazionale. Questo indottrinamento è stato raccontato dalla scrittrice di Shanghai Jianan Qian, in occasione delle celebrazioni per il settantesimo anniversario della rivoluzione il 1° ottobre 2019.

> La prima cosa da ricordare a proposito del patriottismo cinese è che nasce dal conflitto. A differenza dei paesi democratici dove la gente vota per scegliersi i leader, il Partito comunista cinese affermò la propria legittimità nella guerra sino-giapponese. Il partito guidò il popolo cinese fino alla vittoria finale per rovesciare «il dominio dell'imperialismo, del feudalesimo, del capitalismo burocratico» e «fondò la Repubblica popolare cinese», come recita il preambolo della Costituzione. Di conseguenza amare lo Stato significa sostenere il partito. «Senza il Partito comunista non ci sarebbe la Nuova Cina» come recita la famosa canzone rossa. E il patriottismo nacque anche dalla vergogna. Da bambini noi imparammo che il governo imperiale Qing era stato così debole da firmare diversi trattati iniqui con i colonizzatori occidentali e giapponesi nel corso del XIX secolo. Imparammo che anche dopo la caduta dell'Impero nel 1911 il nuovo governo, dominato dai Signori della guerra, era così corrotto da concedere ai giapponesi l'occupazione della regione dello Shandong dopo la prima guerra mondiale. Imparammo che milioni di nostri connazionali erano stati uccisi durante la guerra sino-giapponese. Interiorizzammo il trauma del massacro di Nanchino nel 1937-38. ... Dopo anni di scuola ogni cinese conserva un guardaroba di nemici collettivi: le nazioni occidentali e il Giappone. (Jianan Qian, *The Making of a Chinese Patriot*, in «The New York Times», 28 settembre 2019.)

Xi ha rafforzato nei suoi messaggi la propaganda nazionalista. L'idea che l'Occidente nutra un'antica ostilità verso la Cina, che l'America e l'Europa abbiano nostalgia dei tempi in cui potevano umiliarla impunemente, rientra nella narrazione di una riscossa guidata dal Partito comunista. In questo senso la guerra dei dazi viene spiegata come la conferma che gli americani non tollerano il nuovo status di superpotenza economica della Cina, e farebbero di tutto per ricacciarla in una condizione d'inferiorità. Quando gli Stati Uniti nel corso dei negoziati bilaterali chiedono riforme strutturali, come l'abbandono dei sussidi alle aziende di Stato, la fine della discriminazione ai danni delle imprese straniere, nuove tutele della proprietà intellettuale, per Xi è chiaro qual è il loro vero obiettivo: indebolire quel potere di comando del Partito comunista sull'economia che è la natura stessa del sistema. Quando Washington pretende reciprocità e vuole che le regole vengano applicate in modo imparziale e trasparente dai tribunali locali, in sostanza punta a stabilire in Cina uno Stato di diritto che è antitetico al potere comunista: il partito, vero interprete dell'interesse nazionale, deve dettare il comportamento dei tribunali.

Un altro tassello utile per comprendere la personalità di Xi è il clima intellettuale che accompagna la sua ascesa. Una cerchia sempre più autorevole di esperti cinesi è affetta da una sorta di «sindrome di Bismarck». Interpreta l'attuale tensione Usa-Cina alla luce di quel che accadde quando il cancelliere del Secondo Reich portò a termine l'unificazione tedesca, fece della Germania un impero e governò le prime fasi della rincorsa economica alla Gran Bretagna. La legittima aspirazione della Germania a fine Ottocento di essere una superpotenza industriale, di avere «spazio vitale e un posto al sole», sarebbe stata contrastata dai vecchi popoli dominanti come inglesi e francesi, non per contrastare un vero pericolo di sopraffazione, ma per egoismo e invidia. La narrazione su una incompatibilità valoriale tra il Secondo Reich e i suoi vicini, l'idea cioè che bisognava fermare una potenza autoritaria in nome dei principi più liberali in voga a Londra, sarebbe stata una razionalizzazione *ex post* per dare una patina di nobiltà a un conflitto prettamente geopolitico, una rivalità fra potenze. In quest'ottica Xi vede le nostre riserve sull'autoritarismo cinese come pretestuose, dei diversivi che nascondono la nostra vera motivazione. Il clima attuale da nuova guerra fredda sarebbe l'ennesima prova di egoismo dell'Occidente, che non ammette l'ascesa di una potenza così diversa da sé come la Cina. Tutto il resto sono bugie: le nostre critiche sui diritti umani o sull'ambiente, le nostre denunce sulla corsa cinese agli armamenti, il nostro protezionismo. Dietro ci sarebbe solo la pretesa dell'America di aggrapparsi al proprio primato, di difendere posizioni di supremazia e privilegio.

Questa lettura del presente è coerente anche con la metafora della «trappola di Tucidide» più volte evocata dallo stesso Xi. Uno dei pensatori politici «organici» al presidente cinese è Yan Xuetong, docente all'università Tsinghua di Pechino. Il suo libro più citato è stato tradotto in inglese: *Leadership and the Rise of Great Powers* (Princeton University Press, 2019). Yan non abbraccia la retorica ufficiale – quella che il suo presidente è andato a recitare davanti alla platea globalista del World Economic Forum di Davos –, cioè l'idea che l'ascesa della Cina comporti benefici per tutti. A quella versione esportabile, Yan preferisce una visione più realistica e dura degli affari internazionali: l'ascesa di una potenza come la Cina inevitabilmente avviene a scapito dell'America. Yan invoca apertamente anche un profilo militare più aggressivo da parte del suo paese. Già in un'intervista al «New York Times» del 9 febbraio 2016 esortava Xi Jinping a emulare Vladimir Putin nella sua espansione militare in Medio Oriente, consigliava cioè di «offrire aiuti militari a paesi amici per assicurarsi cooperazione strategica e sostegno politico».

Sono parole diverse rispetto alla retorica tradizionale che ci presentava l'espansione cinese come un fenomeno innocuo, benevolo, all'insegna dell'armonia fra i popoli. Del resto il bipolarismo Usa-Cina è già evidente nelle tendenze della spesa per armamenti. Gli Stati Uniti restano la prima nazione al mondo per il bilancio della difesa. L'ultimo dato ufficiale si riferisce al 2018 (fonte Sipri) e valuta la spesa militare americana a 650 miliardi di dollari. Nello stesso anno la spesa cinese ha raggiunto 250 miliardi di dollari, cioè «solo» il 38,5 per cento di quella americana. Ammesso che la cifra cinese sia attendibile, questa fotografia però è statica e non cattura le dinamiche ben diverse: nel decennio 2009-2018 la spesa americana è andata calando del 17 per cento mentre quella cinese è aumentata dell'83 per cento. Anche in questo campo è evidente dove puntino le traiettorie: verso il sorpasso.

Altre considerazioni su questi numeri sono importanti. Primo, l'America è costretta a disperdere la propria potenza militare in aree che alle forze armate cinesi interessano poco (almeno per ora), come l'Europa; di conseguenza il budget per gli armamenti viene speso in modo meno efficiente perché «spalmato» ai quattro angoli del pianeta. La Cina si è data un obiettivo iniziale più preciso: alzare al massimo i costi di un intervento americano in Estremo Oriente. Dotandosi di armamenti più leggeri ma micidiali, le «guerre asimmetriche» che Pechino sta simulando assomigliano più alle tattiche dei guerriglieri o delle miniflotte con cui l'Iran semina paura nel Golfo Persico. Nel caso di un attacco cinese contro Taiwan, per esempio, gli americani potrebbero accorgersi che la vicinanza delle coste cinesi offre all'Esercito popolare di liberazione un vantaggio insormontabile, e che le portaerei Usa sono dei mastodonti costruiti per combattere le guerre del passato. Attaccate da sciami di droni e minisommergibili, oltre che dagli hacker, le flotte Usa potrebbero rivelarsi degli investimenti costosissimi ma fallimentari. Infine è interessante osservare che, per quanto vi sia ancora una distanza notevole nel budget militare tra Stati Uniti e Cina, distanze maggiori separano tutte le altre nazioni dalla Cina. In altri termini, questa è una classica situazione bipolare. Tutti gli altri finiranno per essere costretti a scegliere da che parte stare. Proprio come accadeva durante la prima guerra fredda. Chi non ha ancora deciso «cosa farà da grande», cioè l'Unione europea, rischia di pagare dei prezzi pesanti in termini di perdita di autonomia. In un senso o nell'altro.

Quella che ho chiamato la «sindrome di Bismarck» forse si può declinare in più modi. Le vecchie potenze europee come Inghilterra e Francia non capirono – o non vollero capire – le legittime ambizioni di una nuova arrivata come la Germania, e si chiusero in una difesa arrogante. Però il Secondo Reich a sua volta non avvertì il livello di paura che stava suscitando nei vicini. Errori e sottovalutazioni furono reciproci, fino alle due guerre mondiali. Anche della Cina possiamo dire la stessa cosa. In parte siamo noi a non capire le sue legittime aspirazioni, per egoismo, per ignoranza, perché non la studiamo abbastanza. Ma anche i governanti di Pechino hanno dimostrato una sconcertante incapacità di decifrare ciò che accade in Occidente.

L'impatto della globalizzazione nell'ultimo quarto di secolo ha due volti. Il boom cinese ha salvato dalla fame e sollevato dalla miseria 750 milioni di persone, un fenomeno straordinariamente positivo. Al tempo stesso ha smantellato pezzi delle economie occidentali; e quelle élite americane o europee che sulla globalizzazione hanno accumulato profitti si sono disinteressate dell'impoverimento di ampi strati di concittadini. Tutto ciò doveva produrre un contraccolpo politico. La Cina non lo ha previsto, e tuttora lo capisce solo in parte. O forse Xi Jinping si fa guidare dalla sua analisi sulla debolezza delle liberaldemocrazie occidentali. Vede che ci sono due Americhe sempre più incapaci di parlarsi e di ascoltarsi, separate da linee di frattura geografiche e razziali, religiose, valoriali e sociali. Disprezza un paese così diviso, governato da un sistema politico che sembra impazzito. L'istituto dell'impeachment nell'ottica di Xi è la suprema prova di debolezza: un sistema politico che prevede la deposizione del capo è l'antitesi del decisionismo, della governabilità, dell'unità di comando. Xi forse pensa che la vera debolezza a lungo termine sia la frammentazione insanabile all'interno della società americana e tra popolo ed élite: non si addice alla gestione di un impero. Non c'entra Trump, perché Xi disprezzava ancor più Obama e la Clinton.

La storia è piena di incomprensioni, malintesi, sottovalutazioni. La visita di Richard Nixon a Mao Zedong, l'atterraggio a Pechino il 21 febbraio 1972 dell'Air Force One dopo un quarto di secolo senza relazioni diplomatiche, non venne capita subito. Nel lungo periodo quella svolta storica avrebbe generato Deng Xiaoping e le sue riforme di mercato, ma anche il massacro di piazza Tienanmen; l'ingresso della Cina nel Wto e il suo decollo verso il benessere ma anche l'impoverimento del ceto medio occidentale e i populismi. Oggi quell'intera fase probabilmente si sta chiudendo sotto i nostri occhi; stiamo avviandoci verso qualcos'altro. Non tutto nasce con Trump né è colpa sua. Le regole del gioco della globalizzazione, fissate tra il 1999 e il 2001, quindi ritagliate su misura per una Cina allora poverissima, stanno ormai strette a un Occidente in difficoltà. La guerra commerciale, che nella narrazione dei media viene imputata all'America, in realtà fu cominciata – e stravinta – dalla Cina.

La contesa dei dazi è un concentrato di equivoci, fraintendimenti, mezze verità. Prendiamo uno dei tanti episodi, provvisori e in continua evoluzione, in quella escalation di tasse doganali a cui si accompagnano tregue e armistizi temporanei. La data è il 1° settembre 2019. È lungo 114 pagine l'elenco di prodotti cinesi sui quali quel giorno sono scattati i nuovi dazi del 15 per cento negli Stati Uniti. Dai televisori alle scarpe agli articoli sportivi, il ventaglio copre 112 miliardi di importazioni annue. I dazi sono un'arma (non l'unica) che Trump usa nella sua diplomazia: un arsenale con cui vuole ridisegnare i rapporti di forze mondiali, le regole del gioco nell'economia globale. A sorpresa un vincitore del primo «round» è il mercato finanziario americano: Wall Street e il dollaro quel giorno sono ai massimi. Quando il gioco si fa duro, quando l'incertezza aumenta, i capitali del mondo intero (cinesi inclusi) tendono ancora a rifugiarsi negli Stati Uniti. L'elenco dei perdenti vede in testa le economie che più dipendono dalle esportazioni: Germania, Cina, Italia, più tanti paesi emergenti.

Con i nuovi dazi in vigore da quel 1° settembre, la quota di prodotti tassati che sono destinati al cliente americano balza dal 30 al 70 per cento. La pressione fiscale-doganale media sui beni importati in America dalla Cina passa dal 3 per cento nel 2017 al 24 per cento. Il che in realtà basta a stento per «pareggiare» il livello dei dazi che erano già praticati da Pechino sui beni made in Usa, molto prima che iniziasse il braccio di ferro tra i due governi. Questo non è un dettaglio secondario, anche se viene quasi sempre sottaciuto in Occidente, dove prevale un atteggiamento critico verso Trump. Quelli che i media definiscono superdazi quando li adotta l'America sono in realtà i dazi normali che Pechino usa da molti anni, in virtù delle regole agevolate che furono negoziate quando la Cina era una nazione sottosviluppata, e correva il rischio di soccombere nella concorrenza con noi. Il coro di critiche ai dazi di Trump mette in evidenza una debolezza americana che era nota: diverse multinazionali Usa hanno costruito nell'ultimo quarto di secolo una catena logistica articolata su diversi continenti, con basi produttive delocalizzate in Cina e altri paesi asiatici. I dazi hanno sconvolto i calcoli economici che erano alla base di quella catena logistica. Alcune multinazionali hanno cominciato a prendere atto che siamo entrati in una nuova fase della globalizzazione, e hanno avviato piani alternativi per ridimensionare la loro dipendenza dalla Cina. Ma non sono piani che si attuano in pochi mesi.

Nello scontro tra i due protezionismi americano e cinese, a lungo termine gli Stati Uniti godono della posizione contrattuale più forte. Anzitutto per lo stesso squilibrio commerciale che è all'origine della tensione: un paese che esporta verso un altro paese il quintuplo di quello che ne importa è ovviamente più vulnerabile dell'altro ai dazi. Inoltre la capacità di ritorsione «occhio per occhio, dazio per dazio» è limitata dal fatto che la Cina partiva già da livelli di tasse doganali molto più elevati.

La parola «autarchia» evoca, per alcune generazioni, i racconti dei nostri genitori o dei nostri nonni sull'Italia di Mussolini e un mediocre surrogato del caffè o altri beni d'importazione. Ha un suono più glamour il termine *import substitution* che si usa nei manuali di economia. La sostanza è quella: sostituire un prodotto d'importazione con uno che viene fabbricato sul proprio territorio nazionale e quindi crea lavoro e ricchezza per i nostri concittadini. Le politiche di *import substitution* hanno implicazioni redistributive. Se finora i consumatori hanno comprato prodotti esteri in una serie di settori, generalmente è perché sono di qualità migliore, o più spesso perché sono meno cari. È lo «sconto cinese» di cui tutti abbiamo goduto, in veste di acquirenti, andando a fare la spesa da vent'anni a questa parte. La sostituzione, quindi, viene pagata dal consumatore, che deve accettare un sovrapprezzo per «comprare americano». In certi casi – industrie ad alta intensità di lavoro come il tessile, l'abbigliamento, il calzaturiero – la sostituzione è quasi impossibile: molte produzioni non esistono più sul territorio nazionale. In altri casi riportare le fabbriche in America significa assumere più robot che umani. Nell'attesa che le imprese si convincano che l'autarchia è durevole, e abbiano una convenienza a reinvestire nella costruzione di fabbriche sul territorio nazionale, quei prodotti continueranno a essere importati.

Chi paga il dazio, poniamo del 20 per cento? La speranza di chi lo impone è che sia pagato dall'esportatore: riducendo i suoi profitti, o eventualmente i salari degli operai cinesi. Ma può darsi che quei salari siano così bassi da non essere comprimibili. Può darsi che l'azienda esportatrice non sia disposta a ridurre drasticamente i propri margini di profitto. Diverse multinazionali Usa stanno cercando di rilocalizzare le fabbriche dalla Cina al Vietnam, al Bangladesh, alla Cambogia e ad altri paesi non colpiti dai dazi. Il Vietnam, però, pur essendo una delle nuove tigri del Sudest asiatico ha una popolazione che è un decimo della Cina e un'economia molto più piccola. Non può sostituire il vicino. Di sicuro queste ri-localizzazioni non si fanno dall'oggi all'indomani. La Cina ci ha messo trent'anni per diventare un fornitore affidabile, investendo in infrastrutture logistiche molto moderne. Il mercato sa rispondere ai cambiamenti nei costi, ma ci vuole tempo per operare riconversioni così poderose. Perciò non si possono ignorare i costi americani nel breve termine.

L'escalation economica della seconda guerra fredda non sembra conoscere limiti, ogni settore diventa un virtuale campo di battaglia, dopo i dazi commerciali e l'embargo sulle tecnologie, nuove varianti puntano ad alzare muri anche nei mercati finanziari. È alla fine di settembre 2019 che dall'amministrazione Trump trapela la possibilità di radiare dai listini delle Borse americane le società cinesi che vi sono quotate. In parallelo potrebbero entrare in vigore divieti di acquistare titoli in Cina per gli investitori istituzionali americani come i fondi pensione. Ci sono 156 imprese cinesi quotate nelle Borse americane, per una capitalizzazione complessiva di 1200 miliardi di dollari. Vi figurano i tre giganti dell'economia digitale Alibaba, Baidu e Tencent. Nell'elenco delle società quotate ci sono anche 11 aziende di Stato. L'offensiva che l'America studia viene da lontano e non è strettamente legata alla guerra dei dazi.

Uno degli esponenti repubblicani che si occupa di vicende cinesi, il senatore della Florida Marco Rubio, da anni fa campagna per ridurre l'accesso di Pechino al mercato dei capitali americano. Già sotto l'amministrazione Obama era scattato l'allarme sull'opacità dei bilanci delle aziende cinesi. La certificazione dei loro conti da parte delle società di *auditing* talvolta viene coperta dal segreto di Stato, soprattutto se si tratta di enti pubblici o legati al settore della difesa. Nel 2015 le filiali cinesi delle maggiori società di revisione e certificazione dei conti – Deloitte, Ernst & Young, Kpmg, PwC – avevano patteggiato e pagato multe alla Securities and Exchange Commission (l'organo di vigilanza sui mercati finanziari Usa) per aver rifiutato di fornire informazioni sui bilanci delle società cinesi quotate.

È da tempo quindi che nell'establishment americano esiste una preoccupazione sull'asimmetria delle relazioni, la possibilità per la Cina di usare il mercato di New York per raccogliere capitali senza sottoporsi alle regole delle concorrenti locali. La crescita della Cina in Borsa è stata spettacolare: nel 2019 ha effettuato il sorpasso sull'America per numero di società quotate che figurano nella classifica «Fortune 500»: le cinesi hanno raggiunto quota 129 contro le 121 americane. Ma radiarle dai listini non sarà cosa facile, proprio in virtù di quello Stato di diritto che attira in America i capitalisti cinesi. Avranno infatti ampia facoltà di ricorso, e a decidere saranno dei tribunali indipendenti. Tutte garanzie che a Pechino non esistono, per gli investitori stranieri. I capitali raccolti quotandosi nelle Borse americane possono andare a finanziare programmi come

«Made in China 2025» con cui la Cina punta a scalzare gli Stati Uniti dal primato tecnologico.

Sempre nella logica di «non finanziare il nemico», un'altra mossa allo studio a Washington bloccherebbe gli investimenti dei fondi pensione pubblici nelle aziende cinesi. Molti fondi pensione agganciano automaticamente la composizione dei loro portafogli agli indici internazionali; e il peso delle Borse cinesi è in aumento da molti anni all'interno della categoria dei paesi emergenti. Il bollettino delle ostilità più recenti include un settore diverso dalla finanza ma collegato: il trasporto navale. Washington ha messo in una lista nera di aziende sanzionabili tre armatori cinesi, due dei quali fanno capo alla Cosco, che è la più grande compagnia di trasporti navali del mondo. La Cosco è controllata dallo Stato e da lei dipende la maggior parte dell'approvvigionamento cinese di petrolio. Le filiali colpite dalla sanzione americana possiedono 50 navi petroliere. L'accusa americana è di aver violato l'embargo sulle forniture petrolifere dell'Iran. Il legame con la finanza sta nella cosiddetta «extraterritorialità» delle sanzioni americane. Qualsiasi società abbia necessità di usare dollari – la moneta dominante nelle transazioni commerciali – viene a trovarsi nella sfera di azione dei castighi americani. Nel caso delle filiali Cosco, i broker e gli intermediari di energia nel mondo intero hanno dovuto cercare sostituzioni per quelle navi, in quanto nessuno vuole trovarsi nella «lista nera», messo al bando dai circuiti finanziari globali.

La vicenda della Cosco e delle sue superpetroliere è emblematica perché chiama in causa un altro dei terreni su cui si gioca la sfida America-Cina: l'energia. Nei loro rapporti di forze bisogna inserire questo dato: l'America, per la prima volta da settantacinque anni, è tornata di recente a esportare petrolio e gas. Prima ci fu la rivoluzione tecnologica del *fracking and horizontal drilling* (fratturazione ed estrazione orizzontale), che generò il boom nell'estrazione di energie fossili; poi la deregulation trumpiana. Le ripercussioni del boom di produzione si estendono alla geoeconomia e alla geopolitica. L'America è ormai saldamente nel trio di testa delle potenze energetiche, con Arabia saudita e Russia; non importa più una sola goccia di petrolio dal Golfo Persico; anzi, si mette in concorrenza diretta sui mercati. Mentre la Cina rimane fortemente dipendente dall'energia importata. E finché lo Stretto di Malacca è presidiato da flotte militari americane, è una sorta di vena giugulare dove gli Stati Uniti potrebbero strangolare l'avversario in caso di conflitto armato. La Cina avrebbe in teoria delle grandi riserve di *shale* gas, ma le mancano le tecnologie e soprattutto l'acqua per estrarle.

Quando ci s'interroga sul futuro della sfida Usa-Cina, e ci si chiede se siamo nella fase di transizione dal secolo americano a un secolo cinese, nel valutare i rapporti di forze tra le due superpotenze bisogna tener conto del fattore risorse naturali, nonché dei suoi riflessi sulla vulnerabilità relativa al cambiamento climatico. Per la maggiore densità della sua popolazione, per i processi di desertificazione in atto, per la scarsità di terre arabili e di riserve idriche, la Cina ha un handicap ambientale nel lungo periodo.

Chi governerà la prossima crisi, se una recessione economica globale incrocerà lo scenario della nuova guerra fredda? Non sappiamo quando né come né dove scoppierà, ma una crisi ci sarà. L'economia ha i suoi cicli stagionali. La ripresa americana iniziata nell'estate 2009 è stata la più lunga dalla metà dell'Ottocento. La crescita cinese non ha pause dal 2003, quando incappò nell'epidemia Sars: è poco probabile che la Cina abbia inventato il moto perpetuo. Il problema è che la prossima crisi globale – qualunque ne sia il luogo d'origine e la causa scatenante – sarà la prima dell'era sovranista. Lo shock del 2008 venne gestito da leader come Barack Obama, Hu Jintao, Gordon Brown, Mario Draghi:

personalità che appartengono ormai a un altro universo, con una visione diversa del mondo. Xi ha lavorato per costruire le premesse di uno scontro, non solo col suo protezionismo, col suo dirigismo di Stato, con il rafforzamento militare e l'espansionismo geopolitico, ma teorizzando apertamente da molti anni che il suo sistema politico autoritario è più efficace delle nostre scassatissime liberaldemocrazie. Se si troverà in difficoltà, non vorrà certo perdere la faccia. E in questo assomiglia molto al presidente degli Stati Uniti.

Forse è anche questo un indice della «sindrome cinese» che attanaglia gli americani, nel bene e nel male. C'è un aspetto ossessivo nell'attenzione rivolta alla superpotenza rivale. I due migliori documentari usciti di recente nelle sale americane riguardano proprio la Cina. Il primo s'intitola *American Factory* ed è una storia vera che ha il suo epicentro a Dayton, Ohio. Siamo nel Midwest industriale che ha eletto Trump, la Rust Belt o «cintura della ruggine»: così detta perché gran parte delle fabbriche sono «arrugginite», in declino per la concorrenza asiatica. Una di queste viene chiusa dalla General Motors, che mette in crisi migliaia di dipendenti e le loro famiglie. Arriva un cavaliere bianco, un salvatore: è cinese. Un industriale che produce vetri per automobili, riprende lo stabilimento dismesso e assume duemila operai. A metà del salario precedente. Però sempre meglio della disoccupazione. Il film è la storia accurata ed equilibrata di un esperimento industriale che è anche lo scontro fra due culture. Uno dei momenti tragicomici è la visita di una delegazione di operai americani alla casa madre cinese. Rimangono allibiti quando vedono le manovre «militari» a cui si sottopongono la mattina i colleghi cinesi prima di iniziare i turni di lavoro: in uno sfoggio di disciplina, si muovono compatti come piccoli reggimenti che vanno alla sfilata sotto gli ordini urlati dagli ufficiali. Lo specchio rovesciato di questo shock culturale è il discorso che un capomastro cinese fa ai colleghi per spiegare loro che non possono sgridare duramente gli operai americani quando commettono qualche errore: «Vedete, li hanno abituati in modo diverso da noi fin da bambini, a scuola. Nessuno gli ha mai detto che sbagliano. Sono stati sempre coccolati e incoraggiati, al massimo la maestra gli diceva: puoi fare meglio. Sono come gli asini, vanno accarezzati nel senso del pelo».

L'altro documentario tratta un argomento più tragico. *One Child Nation* è un viaggio dentro il più gigantesco esperimento di controllo delle nascite nella storia dell'umanità. La politica del figlio unico venne adottata nel 1979 ed è stata applicata – con modifiche – fino a pochi anni fa. L'autrice del documentario è una trentenne cinese che ora vive negli Stati Uniti. Quando esplora il suo paese d'origine, accumulando interviste e testimonianze, riesce ad avere uno sguardo oggettivo. Molte storie sono ripugnanti. Soprattutto nelle campagne, dove le famiglie contadine consideravano i figli una risorsa produttiva per combattere la fame ed erano abituate a una prole numerosa, la politica del figlio unico venne applicata con metodi spietati. Aborti forzati. Sterilizzazioni imposte con la violenza, soprattutto alle donne. Nacque un traffico di finti orfani, soprattutto bambine, abbandonate e messe in vendita. Il documentario non nasconde nulla degli orrori e delle sofferenze. Al tempo stesso, molte donne che soffrirono quegli abusi col senno di poi li giustificano. «Era terribile ma necessario» è una frase che ricorre tra molte intervistate. La Cina di oggi avrebbe 350 milioni di abitanti in più. «Saremmo rimasti poveri per sempre» dicono alcune di queste contadine. Nessun altro paese è mai riuscito a disinnescare la bomba demografica in così poco tempo. Fa riflettere il paragone con l'Africa. Senza la politica del figlio unico, forse oggi staremmo discutendo su gigantesche ondate migratorie dalla Cina?

Dai due documentari scaturisce un messaggio comune sulla Cina: ecco una nazione, anzi una civiltà, che antepone l'interesse collettivo, il bene della comunità, ai desideri degli individui. Prima di dare giudizi sommari, bisogna osservare attentamente le ragioni di questa diversità profonda tra noi e loro, senza paraocchi. Nella Lunga Marcia che ha in mente Xi, la capacità di sofferenza dei cinesi è un ingrediente della vittoria finale. L'altro ingrediente è la divisione degli occidentali: non solo il divario tra Europa e Stati Uniti, ma il fatto che nelle liberaldemocrazie il senso di un destino comune sembra essere svanito. Per molti americani, per molti europei, il nemico da abbattere è dentro il proprio paese, è il leader della fazione avversa, o chi lo ha votato. La seconda guerra fredda, come tante guerre del passato, sarà decisa dal «fronte interno».

Indice dei nomi

MISTO
Carta da fonti gestite
in maniera responsabile
FSC® C115118

Mondadori Libri S.p.A.

Questo volume è stato stampato
presso ELCOGRAF S.p.A.
Stabilimento - Cles (TN)

Stampato in Italia - Printed in Italy